Bons baisers du goulag

Christian Millau

Bons baisers du goulag
Secrets de famille

PLON

ISBN 2-259-19976-3

A Adèle, Ira et Natasha,
de retour d'un très long voyage.

« On n'a vraiment envie d'entendre parler des choses que lorsque les voix qui pourraient vous les apprendre se sont tues. »

Olivier ROLIN.

« C'est l'école préparatoire au travail bolchevique. Son but est d'abolir les prisons. »

Maxime GORKI,
à propos du goulag
de l'archipel des Solovki.

1

Une ceinture de sécurité ? Non, l'eau est trop froide

La nouvelle a vite fait le tour de la Grande Ile de l'archipel des Solovki, où décline lentement le bel été 2001.

L'agent V.P., un petit homme gris au regard polaire, ancien membre de la Première Direction principale du KGB chargée de la recherche des renseignements extérieurs, avant de prendre la tête du Service fédéral de sécurité, a atterri ce matin à 10 h 30 en compagnie d'Anatoly Efrimov, gouverneur de la province d'Arkhangelsk.

Une voiture l'a conduit aussitôt au monastère-forteresse où, sur le parvis de la cathédrale de la Transfiguration, l'attendait Alexis II, patriarche de Moscou et de toutes les Russies, qui l'a béni en lui présentant une croix de bois et d'argent.

L'agent V. P. a prononcé une brève mais fracassante allocution, rapportée en ces termes par l'envoyé spécial de l'agence Ria Novosti :

« Depuis des temps immémoriaux, notre pays porte le nom de “ Sainte Russie ”. Ces deux mots continuent de symboliser la force spirituelle qui fait de la Russie la gardienne du christianisme. » Il a ajouté : « Toutes les nations sont égales aux yeux de Dieu mais, sans le christianisme, la Russie ne serait jamais devenue un Etat accompli. Il est indispensable et urgent de retourner à cette source, au moment où notre pays est à la recherche de ses bases morales. »

Ensuite, l'ex-agent du KGB est allé s'incliner devant la croix plantée au pied du mont Sekirka, dit de « la Hache », devant les 294 marches de l'escalier de bois du haut duquel furent précipités des dizaines de prisonniers du premier bagne soviétique, qui a donné naissance à l'archipel du goulag surnommé, par dérision, « le pays de la danse et des claquettes ».

*

Halte-là ! Nous nous égarons.

Il n'y a plus d'agent V.P., plus de KGB, ni de Première Direction. Le fervent chrétien qui a débarqué aux Solovki et prononcé, en effet, ces paroles inspirées — là même où, soixante-dix ans plus tôt, Yagoda, le chef sanguinaire du NKVD, avait accueilli l'écrivain Maxime Gorki pour une visite en trompe l'œil de l'enfer des Solovki —, le Kgébiste touché par la grâce divine est le président de la Fédération de Russie, Vladimir Vladimirovitch Poutine.

Interrogé sur sa miraculeuse conversion, le Président a raconté que sa mère lui avait donné une petite croix qu'il porte encore sur lui en permanence et qui avait été retrouvée dans les cendres de sa datcha entièrement détruite par un incendie. Il n'a toutefois pas confirmé le bruit selon lequel il aurait fait bénir cette croix lors d'un passage à Jérusalem d'où daterait son « voyage spirituel ». En revanche, dans ce sanctuaire historique de la pensée religieuse et en ce jour de dixième anniversaire du coup d'Etat manqué des nostalgiques du stalinisme, il a tenu à exprimer son attachement indéfectible à l'Eglise orthodoxe russe.

En une semaine, le président Poutine aura visité trois

monastères de la Russie du Nord, au cœur du légendaire foyer spirituel de la sublime et terrifiante mer Blanche.

*

« Voilà notre avion ! » a dit Leonid, hilare, en me montrent du doigt un « coucou » qui penchait douloureusement de côté. Comme sa douzaine de voisins, il portait la marque d'« Air Mali », ce qui était une raison supplémentaire de se faire du souci. Dans la fin de nuit glauque qui s'effilochait sur cet aérodrome d'infortune, à une trentaine de kilomètres d'Arkhangelsk, il ne manquait que Corto Maltese. Il aurait sûrement adoré ce cimetière d'où les éclopés du ciel s'envolent quotidiennement vers Solovki et, au-delà du Cercle polaire arctique, la presqu'île de Kola et Mourmansk.

Dans l'aérogare déglinguée, nous avons partagé une banquette crevée avec trois prisonniers menottés que surveillaient nonchalamment six gardes armés.

Leonid Kokovitch est mon interprète. Je suis allé le cueillir à Moscou où la direction de l'agence de presse Ria Novosti, qui a bien voulu organiser mon voyage, l'a mis à ma disposition. Il a passé des années en Afrique francophone comme correspondant permanent et parle donc couramment notre langue.

C'est un charmant compagnon que la culture française a fortement marqué. L'une des premières questions qu'il m'a posées a été : « Avez-vous vu *La Soupe au chou* ? » Il porte à Jean Carmet et Louis de Funès une quasi-vénération. Il peut détailler scène par scène cet affligeant chef-d'œuvre légumier, et on ne saurait en effet rêver meilleur sujet de conversation, au petit matin dans une aérogare glaciale, au bord de la mer Blanche, à côté de trois criminels empestant la vodka qui ont peut-être découpé toute une famille en petits morceaux.

Finalement, « Air Mali » n'allait pas nous prêter ses

ailes. C'était juste une blague de Leonid. Dieu, c'était sûr, était avec nous. Le problème était de savoir s'il allait accepter de le rester jusqu'au terme du voyage.

L'avion à hélice, de dix-huit places, d'origine tchèque, qui nous était destiné, nécessitait, en effet, pour notre bien, un petit coup de pouce du divin Créateur.

On voyait à sa mine que le pilote avait non seulement pris son petit déjeuner mais qu'il avait dû en reprendre plusieurs fois, comme en témoignaient son nez rouge et ses joues violacées. Mon fauteuil était cassé et la ceinture avait perdu son attache. Quand j'ai demandé où étaient les gilets de sauvetage, Leonid a posé la question au commandant de bord qui a répondu, en se fendant la pipe : « Il n'y en a pas. L'eau est trop froide. »

Quoi qu'il en soit, le ronronnement de l'hélice était rassurant, et, au bout de quarante-cinq minutes, nous nous posions sous le couvercle noir d'un ciel qui écrasait l'île blottie, frileuse, sur le grand vide de la mer Blanche. Des familles attendaient devant l'isba à étage qui faisait office d'aérogare et de tour de contrôle et menaçait de s'effondrer à tout moment. Il y avait là quelques side-cars où s'empilaient femmes, enfants et valises, des chiens faméliques qui semblaient être très au courant des horaires et, un peu plus loin, un bus couvert de cicatrices dont le chauffeur laissait le moteur tourner en permanence de peur qu'il refuse de repartir.

D'un coup, le voile se déchira. Au-delà d'un lac translucide surgissait à l'horizon un jouet qu'on aurait dit fabriqué par une race de géants : le formidable monastère du règne d'Ivan le Terrible, tendant vers le soleil ses murailles cyclopéennes, ses tours rondes et ses bulbes dorés.

Comme un vieux saumon qui remonte à sa source, j'étais enfin arrivé au paradis du Diable où mon grand-père russe, le *Papouchka* de Maman, avait sans doute disparu.

2

Le frigo de la place Rouge

C'est donc lui le salaud qui a tué Papouchka.

Dans sa bulle de verre, la main droite repliée sur son petit complet noir, avec cravate à pois, il n'a pourtant pas l'air bien méchant. Tout au plus la tête d'un notaire ou, mieux, d'un chef de rayon du Goum, trônant au milieu de ses coupons de tissu en solde et de ses piles de caleçons en flanelle, s'il n'y avait le large crâne au front immense et la fente du regard de loup au-dessus des pommettes saillantes, qui trahissent le kalmouk des grands espaces sibériens.

De retour des Solovki où je suis allé sur les traces brouillées de Grand-Père Savely, c'est la moindre des choses de venir se recueillir un moment, dans le froid glacial de ce mausolée élevé à la barbarie des utopies, devant la momie du pharaon de la place Rouge, inventeur des grands abattoirs de la mer Blanche.

Je regarde un long moment la camelote qui, au pied de l'escalier obscur, moisit, entre deux gardes en uniforme dont on récompense l'effrayante immobilité par un supplément quotidien de trois biscuits, quatre morceaux de sucre et trente grammes de saucisson. Sait-il au moins, le locataire de ce frigo, qu'on n'en a toujours pas terminé avec les comptes de la grande boucherie ?

Les experts continuent de chipoter les abattis. Soyons justes, il n'y a rien qui ressemble plus à un squelette manufacturé par les Rouges qu'un autre, usiné par les Blancs. Aux dernières nouvelles, à inscrire au tableau de chasse du seul M. Lénine, pour la campagne de septembre 1918-janvier 1920, on parle de 2 400 000 Russes à deux pattes, des deux sexes et de tous âges.

Je ne voudrais pas le vexer, surtout qu'il a l'air un peu fatigué, à la sortie de son bain annuel où les chimistes ont versé le contenu d'un tas de fioles pour recoller au mieux tous les morceaux, mais, à côté des vingt millions, bon poids, de macchabées concédés, sans barguigner, à M. Staline, il y a là un petit côté artisanal, encore qu'on ait fait grâce au premier de beaucoup moins de temps qu'au second.

M. Lénine aurait-il à pâtir de cette concurrence ? En tout cas, me remémorant les files interminables qui, sous Brejnev, piétinaient encore sous la neige, j'ai l'impression aujourd'hui, devant l'extrême minceur de la clientèle, d'assister à l'une des dernières représentations d'un spectacle moribond avant que le théâtre n'affiche « Relâche ». Et que serait-ce si l'entrée n'était pas gratuite ?

Il est sûr que, en face, de l'autre côté de la place, les affaires marchent infiniment mieux chez Bosco. Depuis son ouverture, il y a six mois, cet Italien ne désemplit pas. Le cappuccino y est aussi bon qu'à Rome et le petit déjeuner à 14 dollars US, occasion pour les riches Moscovites fraîchement peints aux couleurs de la libre entreprise d'étaler leurs billets neufs.

Je sors de là, bien réchauffé, et me dirige vers la place Loubianka, à la recherche de la « Pierre de Solovki ». Les gens de « Mémorial », la fondation créée par Andreï Sakharov où, hier même, j'étais longuement et chaleureusement reçu, se sont ardemment battus pour que ce fragment symbolique du « père de tous les goulags » soit érigé devant l'immense siège de l'ancien KGB, là où, du règne de Lénine à celui de Staline, des milliers d'innocents ont été interrogés, torturés ou exécutés. Je cherche, tourne en rond, reviens sur mes pas et m'apprête à quitter les lieux quand, enfin, j'aperçois, en retrait, dans un coin de la place, le pauvre et bien modeste caillou, relégué, comme l'Histoire, aux marges de la mémoire.

*

L'autre jour, sous les fenêtres de la maison verte et blanche d'Orogodnoï sloboda où ma mère Anouchka a passé sa petite enfance entre son père russe et sa mère, Française de Moscou, j'ai reçu le coup en plein cœur. Violent mais vite bienfaisant, comme un bonheur tendre qui se coule en vous.

Je venais, pour la première fois, de sentir ma terre.

Depuis la Grande Pâque à la cathédrale Alexandre-Nevski, les confidences de Mémé Adrienne et celles, plus rares, de Maman, depuis le temps où les réponses attendaient vainement les questions que je ne posais pas, ce ne sont pas des années qui ont passé mais presque toute une vie.

Ma grand-mère, ma mère, mes oncles Alexis et André, ma tante Irène, et enfin, dernier de la liste, mon père, tous ont tapissé ma jeunesse, mais je les ai laissés s'embarquer vers le grand trou noir avec leurs valises pleines de secrets qui m'appartiennent par le sang. Ils sont toujours vivants dans mes yeux, je continue de me nourrir de leur chair et de leur souvenir, et, pourtant, je sais d'eux infiniment moins que de gens qui me sont étrangers, dont les moindres faits et gestes noircissent les colonnes des journaux et les pages des livres. Je les ai laissés s'en aller, sans rien demander ou presque, sans essayer de forcer les serrures de tiroirs qui, peut-être, n'étaient même pas fermés.

Un jour, le mur de Berlin et la Russie se sont fendus en deux comme une grenade pourrie. Alors soixante ans après ma naissance, le passé, miraculeusement, s'est penché sur moi. Il ne m'a pas tout dit. Le passé n'est pas généreux. Je le soupçonne même d'être avare. Mais enfin, il faut s'arranger avec ses restes.

A quelque temps de là, feuilletant un magazine anglais de décoration, *World of Interiors*, je tombe en arrêt sur un article où il est question d'une collection de souvenirs de Russie que Mme Françoise Teynac tient de ses ancêtres Siou. Teynac, Siou : deux noms qui mettent aussitôt en ébullition ma petite bouilloire. Dans les années 1950, j'avais fait connaissance de la jeune et belle Mme Teynac, excellente portraitiste, et de son mari, Maurice, comédien réputé ; puis je les avais complètement perdus de vue, sans soupçonner une seconde un lien familial quelconque entre nous. Quant à l'illustre dynastie des Siou, les rois français du chocolat dans la Russie des tsars depuis le milieu du XIXe siècle, ma grand-mère, qui leur était apparentée de très près, m'en avait farci les oreilles. De la fron tière allemande aux extrémités de la Sibérie, il n'y avait pas un Russe qui, au moins une fois dans sa vie, n'ait croqué une tablette de chocolat Siou.

Mémé en frissonnait encore, quand elle évoquait la flotte automobile, aux portières marquées « Siou » en lettres d'or, livrant aux quatre coins de Moscou ses boîtes de chocolats aux princes, aux riches boyards et aux clients fortunés qui n'auraient imaginé pour rien au monde se fournir ailleurs.

Je cours donc prévenir Françoise de notre cousinage. Nous tombons dans les bras l'un de l'autre, ce qui m'est fort agréable, car c'est une personne exquise. Sa fille, Delphine, n'est pas moins attirante. Il y a en elle quelque chose de succulent, comme devait l'être, j'imagine, la tasse de chocolat crémeux que l'on servait dans la boutique de la rue Tverskaïa.

Françoise est en contact depuis quelque temps avec la Ligue des sinistrés français en Russie qui se donne un mal fou pour essayer de faire prévaloir les intérêts des familles de nos ressortissants ayant perdu leurs biens lors de la révolution de 1917.

Il n'y a rien dans leurs dossiers sur ma famille maternelle, mais le président me communique le nom et l'adresse d'un professeur russe à l'université de Moscou qui a soutenu une thèse sur les familles françaises ayant vécu en Russie jusqu'en 1920. Il a eu accès à toutes les archives et retrouvé une quantité énorme de documents. Cette source précieuse se nomme Anton S. Valdine. Je lui écris aussitôt. Sa réponse ne tarde pas. Il est prêt à entreprendre les recherches, moyennant une avance de 100 dollars. Cela pourrait être une arnaque mais la recommandation est on ne peut plus sérieuse et, de toute façon, 100 dollars perdus n'ont jamais ruiné personne.

3

Le « Papouchka » de Maman

« Dis, Mémé Adrienne, c'est grave d'être Russe ?

— Les Russes ne sont pas méchants. Ils sont seulement un peu sauvages. Mais ne t'inquiète pas, mon chéri. Toi, tu es un bon petit Français et rien ne peut t'arriver de mal », avait répondu ma grand-mère en m'attirant à elle.

Mémé Adrienne est, sous sa permanente acajou qui lui donne des airs d'été indien, une petite dame ronde aux yeux frétillants comme une paire de tanches sorties de l'épuisette. Elle a traversé l'Histoire — avec un grand H, comme « Horreur » ou « Hécatombe » — en faisant quatre enfants à Moscou, en mangeant des gâteaux à la crème dans le Paris des émigrés et en collectionnant les bons mots sur le dos de ses amis, avant d'être prise en charge, à bout de ressources, par son gendre, mon père, qui l'a installée dans un confortable studio, rue Raynouard.

Mémé est frivole, dépensière, inculte, innocente (l'autre jour, en ce printemps 1938, à la sortie de la projection du *Blanche-Neige* de Walt Disney au Victor-Hugo Pathé, elle s'est exclamée : « Comme elle joue bien cette petite ! Comment s'appelle-t-elle ? »). Elle a un humour électrique, elle est bonne à en pleurer et je l'adore.

Elle est aussi un peu la maman dont je suis privé, qui

soigne dans un sanatorium du plateau d'Assy une maladie, pour moi, mystérieuse, dont je suis encore trop petit pour qu'on me dise le nom.

Tous les jeudis, je vais passer l'après-midi chez Mémé. Enfin, presque car, sur le coup de 4 heures, nous fonçons chez Coquelin, place de Passy, pour nous en mettre jusque-là de ses légendaires bombes aux marrons, puits d'amour et Ali Baba. Nous y rejoint parfois sa vieille amie et meilleure ennemie, Mme Berluck, dont la laideur est estampillée de grande facture. Toujours bonne âme, Mémé dit d'elle : « Quand il lui arrive de prendre un bain, elle est comme ces moujiks qui en sortaient encore plus sales que lorsqu'ils y entraient. » Elle dit aussi : « C'est curieux. Elle a toujours eu vingt ans de plus que tout le monde. »

Une ou deux fois par an, Mémé la punit d'exister en lui annonçant qu'à compter de ce jour elles sont « brouillées à mort » pour quinze jours ou un mois, selon l'humeur du moment. Mme Berluck se transforme alors en fontaine et tente de se racheter en lui apportant le lendemain des gâteaux que ma grand-mère, offusquée, rejette car ils proviennent à tous les coups de chez Rateau, une pâtisserie de la place Victor-Hugo qu'elle a classée une fois pour toutes au nombre des fléaux les plus funestes dont notre pauvre monde est accablé.

Aujourd'hui est un jeudi sans Berluck et, après la séance d'intensif lestage chez Coquelin, nous revoici rue Raynouard. Mémé est allongée sur sa couverture de fourrure où elle a éparpillé des carnets et des paquets de photos, tirés d'un petit meuble noir aux incrustations de nacre et d'argent.

C'est là qu'à quatre pattes, alors que j'étais en train de quitter le général Dourakine pour mes premiers Jules Verne, j'ai fait, il y a quelque temps, la connaissance de son mari, Savely Gregorievitch Masour, mon grand-père, le *Papouchka* de Maman.

Dès que j'ai eu entre les mains le médaillon à bordure verte et dorée, moi, le petit écolier parisien, louveteau le dimanche, bourgeois du 16e toute l'année, qui me croyais normand, ne connaissant de moi-même que la moitié paternelle, je me suis senti basculer vers de nouveaux et merveilleux horizons.

Hormis la couleur de sa peau et de son col dur d'une hauteur vertigineuse, tout était d'un noir intense chez ce grand-père : la toque d'astrakan assortie au col et à la doublure de la redingote, la cravate piquée d'une perle baroque gris foncé, et, entre les longues et épaisses moustaches retroussées et la barrière arquée des sourcils, un regard d'ébène qui remontait des profondeurs, sûr de lui mais non dominateur. Il était irrésistiblement superbe, mon empereur sans royaume, mon tsar sans serfs.

Sur une autre photo, une petite idole s'enchâssait dans la double auréole que lui faisaient la vague de ses boucles ourlant ses joues rebondies et la crème Chantilly mousseuse de son immense capeline ronde de dentelle et de tulle tuyauté. Sa robe de mousseline blanche, travaillée de smocks, tombait jusqu'au sol, ne découvrant que des bras potelés qui tenaient par la trompe un éléphant blanc.

Le regard de Mémé Adrienne avait glissé sur l'image de l'enfant comme une caresse : « Ta maman... Dans notre datcha, à Kouskovo... Elle avait à peine quatre ans. C'était la préférée de ton grand-père. Il fallait les voir quand il rentrait le soir dans notre maison de Moscou : “ Papouchka ! Papouchka ! ”, “ Anouchka ! Anouchka ! ” Et tous ces bras qui s'ouvraient et se refermaient. On aurait pu croire qu'ils ne s'étaient pas vus depuis des mois. »

*

Ce n'était pas, en vérité, un grand-père qui m'était tombé dessus sans crier gare mais un immense et fabuleux pays, croustillé de mystère, tirant derrière lui les chevauchées de Michel Strogoff, le tournoiement des sabres cosaques, le chant des cloches sous les bulbes dorés et le hurlement des loups, entre les isbas enfoncées jusqu'aux oreilles dans leur édredon de neige.

Pourquoi me serais-je soucié jusqu'à ce jour d'un grand-père qui n'était pas là pour me laisser grimper sur ses genoux ? Je ne pouvais d'ailleurs que mettre en doute la réalité des grands-parents, d'une manière générale, puisque, du côté de papa, le mien n'avait pas attendu ma naissance pour quitter cette terre et que ma grand-mère — frappée d'aphasie, réduite à l'état de légume — s'y attardait sans espoir.

Sûrement avait-on laissé échapper devant moi quelques allusions au sort de ma parentèle russe mais elles m'étaient passées au-dessus de la tête. Et je vivais donc encore dans l'ignorance quand Mémé Adrienne, soulevant un coin du passé, me dit : « Ton Grand-Père Savely a disparu en Russie. De méchantes gens l'ont tué. » C'est alors que je lui ai posé une question (elle ne se lassera pas de répéter, en riant, le « mot d'enfant » de son petit-fils), à laquelle, une soixantaine d'années plus tard, je n'ai toujours pas de réponse : « Dis, Mémé Adrienne, c'est grave d'être Russe ? »

4

Son Moscou d'avant le déluge

Je ressens comme un bonheur sauvage de me savoir tout à coup différent au milieu des miens.

La Russie gonfle ma poitrine de petit garçon d'une fierté sans bornes. Dans la cour de récréation, mes camarades ne se doutent de rien, mais moi, je sais : je suis Michel Strogoff, Tarass Boulba, Ivan le Terrible, Pierre le Grand. Quand je canote sur le lac du bois de Boulogne, c'est sur la Volga que je rame, et quand, le dimanche, mes parents me croient dans les bois de Meudon à jouer au foulard avec la meute des louveteaux de Saint-Honoré-d'Eylau, je chasse l'ours dans la forêt sibérienne.

Jusqu'à ce jour, mon enfance était un jardin à la française, tracé au cordeau, désespérément sage. Mais voici qu'y déboulent, à bride abattue, la Horde d'Or et mon grand-père, à la tête de ses cosaques, piétinant délicieusement les plates-bandes, les massifs à la Le Nôtre et les pelouses interdites aux herbes folles. Quand je suis à court d'inspiration, je vais refaire mes provisions chez Mémé Adrienne.

Des « méchantes gens » qui ont fait disparaître mon grand-père, je n'ose lui parler. Je sens confusément que je lui ferais de la peine et finis par enfouir si profondément l'effroi que m'inspire ce terrifiant mystère que, pendant longtemps, seul comptera pour moi l'inépuisable récit des jours heureux dans le merveilleux pays inconnu qui est devenu une part de moi-même.

Quand elle me raconte sa Russie et son Moscou d'avant le déluge, je m'envole jusqu'aux murailles du Kremlin et leurs créneaux taillés en pointes de flèches tartares. Je glisse entre les bulles d'or de la cathédrale de Kazan et les statues de glace de la Fille des Neiges. Je mange du caviar dans la vaisselle d'or du palais des boyards Romanov, et je roule, bien au chaud, dans le compartiment du transsibérien bourré à craquer de gros poulets rôtis, de bocaux de cornichons à l'eau salée, de pâtés de viande, de gelée de framboises, de thé brûlant et des quatre enfants de Grand-Père Savely et de Mémé Adrienne, dont les grandes serviettes en lin, nouées autour du cou, leur servent de nappe.

Moscou me mange les yeux et la tête de ses mille et trois clochers et de ses sept gares. Les dix-huit tours vertes et les cinq portes roses du Kremlin n'ont pas plus de secrets pour moi que les chapeaux pointus aux reflets d'émeraude de la porte de la Résurrection, les coupoles azurées, cloutées d'étoiles, comme un grand ciel renversé, de l'église Saint-Georges, ou la forêt or, bleue, rouge, verte et jaune de rubans torsadés, d'ananas, de gros oignons et de coloquintes qui bigarrent, comme des sucres d'orge, Basile le Bienheureux.

Une main dans celle de Mémé, je me tords le cou à compter les neuf cents diamants du trône d'Alexis et regarde, bouche bée, les nymphes à cheval, aux joues gonflées, qui soufflent dans des coquilles de triton, dans le tohu-bohu des incroyables Bains Sandounovski où Papouchka adore se fouetter le dos dans la vapeur à petits coups de branches de bouleau.

J'aime bien aussi les fois où nous nous enfonçons dans les rues étroites aux maisons de bois de Kitaï Gorod, le bazar oriental, sordide et somptueux, derrière la place Rouge où tout trouve preneur, depuis la plus riche orfèvrerie émaillée et les surtouts de table en argent massif jusqu'aux guenilles les plus puantes. Un jour, nous nous sommes même égarés dans un quartier interdit aux honnêtes gens, le fameux marché Khitrov où Gorki a graissé la plume de ses *Bas-Fonds* dans la foule des détrousseurs, des truands, des bagnards évadés, des mauvaises femmes et des chefs de bande d'enfants voleurs. Mémé faisait semblant d'en trembler encore : « Heureusement que ton grand-père ne l'a jamais su. Sinon, il m'aurait fait une de ces colères... »

Le marché de la place Rouge est autrement fréquentable. Devant leurs baraques en bois se tiennent les paysannes qu'on dirait sculptées dans de grosses pommes de terre. Les jambes écartées sur le chaudron de fonte où bouillotte le bortsch, elles glissent une louche sous leur capote fourrée et leur grosse jupe de laine, quand se présente un client. Lorsque Mémé, l'œil frétillant, a ajouté : « Le niveau de la soupe ne baissait jamais », j'ai compris de qui je tenais le mauvais esprit qui, bientôt, me ferait chasser des louveteaux, pour cause de « propos séditieux et mauvaises lectures ».

De ses paquets de photos, de cartes postales et de gravures, elle sort, comme des trésors, les rues de Moscou dont l'exotisme, chaque fois, me fascine, avec ces dames nobles qui s'appuient sur le bras d'un petit postillon pour descendre de leur calèche, ces lycéens au crâne rasé, uniforme gris et gros ceinturon noir, ces poivrots qui titubent, ces prêtres aux longs cheveux qu'on devine crasseux, ces « nianias » qui poussent un landau enrubanné comme une boîte de chocolats, ces domestiques galonnés, au torse gonflé de plénipotentiaire, ces marchands en tablier, ces gamins délurés aux chaussures trouées qui, sûrement, sifflent en marchant, ces petits hommes binoclés qui portent des manches de lustrine, ces vieux soldats à la retraite usant jusqu'au dernier soupir leur casquette ronde, ces Tartares ployés sous plusieurs couches de tapis roulés, ces Arméniens au bonnet pointu, ces vieilles qui se signent quand passe le carrosse des « icônes miraculeuses », et tout ce flot de gens de toutes conditions qui, dans le froid mordant, s'écoule en battant les bras devant les pyramides de pommes aigres et de concombres ou les amas de viandes gelées qu'on dirait déterrées d'un cimetière.

Avec Mémé, j'entends le bruit des sabots, frappant les pavés de bois, des cavaliers cosaques, fusil en bandoulière, pique au poing, et celui, plus pacifique, des agents à cheval, coiffés d'aigrettes noires.

Elle m'invite aussi à la grande course annuelle des cochers où l'essaim grouillant des droschkis file en rasant la terre. Il paraît qu'ils sont plus de quinze mille à Moscou à guetter le client ou à agiter leur fouet, en fendant la foule qui ondule dans la rue. L'hiver, ils sortent leur traîneau, se fourrent sur la tête un drôle de chapeau noir en forme de vase de nuit ou un bonnet en forme de boule, s'enveloppent d'une pelisse de mouton retourné ou d'une longue houppelande bleue ou verte, ne cessent d'inventer de nouveaux jurons et, sans se soucier de la casse, vont au plus direct, en coupant la route aux lourds télègues des paysans à la barbe gelée, arrimés à leur cargaison de denrées fraîches qu'ils apportent en ville.

Une fois leur journée terminée, les cochers se ruent vers la vodka incendiaire des traktirs d'Egorov. Mieux vaut ne pas les suivre car c'est le quartier le plus mal famé de Moscou. Dans certaines arrière-salles se disputent des combats de coq dont la simple évocation donne à Mémé, qui a couvert ses enfants de chatons adorables et de lapins blancs aux yeux rouges, des haut-le-cœur. Comme aussi le spectacle des pauvres rosses, attelées du matin jusqu'au soir, qu'il pleuve ou qu'il neige, et condamnées à manger leur pitance sur place.

Heureusement qu'il y a le souvenir d'Eliseev pour la requinquer.

Gourmande comme une chatte de harem, Mémé Adrienne en a encore le goût dans la bouche quand, pour moi, elle pousse la porte de sa caverne d'Ali Baba préférée. Au cœur de Tverskaïa oulitsa, dans le quartier des grands hôtels, des théâtres et des bons restaurants, là même où ses cousins Siou, à peine débarqués de France, avaient ouvert dans les années 1850 une petite pâtisserie-confiserie qui allait rapidement faire d'eux des industriels milliardaires, l'épicerie Eliseev, avant de devenir le premier palais des délices de la ville, avait été un salon princier où Pouchkine avait ses habitudes.

Un rêve, outrageusement maquillé comme une vieille diva, de colonnades, de plafonds en délire, de lustres en cristal et de comptoirs en bois exotique, cercueils alléchants où reposent les caviars les plus rares, dont le très recherché albinos, dit « du tsar », à qui il est offert solennellement chaque année, et aussi toutes les variétés imaginables de zakouski, de pirojki salés ou sucrés, voisinant avec les esturgeons de la Caspienne et les anguilles fumées de la Vistule, les gros harengs moelleux de la mer Blanche, les cuissots de renne, les rôtis d'ours, les charcuteries de Scandinavie, les foies gras, les truffes, les fromages de France, les grands vins de Bordeaux et les capuchons dorés de la Veuve Clicquot, le champagne préféré de Grand-Père Savely et, accessoirement, de la cour impériale.

Puis, après avoir vu se refléter dans les immenses miroirs le jeu des combinaisons à l'infini de son prochain déjeuner du dimanche, Mémé Adrienne me tire par la main jusqu'à la tour Menchikov. Un drôle de pistolet, ce Menchikov, marchand ambulant de petits pâtés chauds dont Pierre le Grand s'était emballé au point de faire de lui son conseiller privé et l'un des princes les plus fortunés de l'empire.

A quelques pas de la tour qui perpétue son souvenir, la boutique Perlov, embobinée dans son extravagant décor de pagode, fournit à la belle société les meilleurs thés de Chine que Mémé achète sous la forme de brique et dont elle boit, comme Grand-Père, pas moins d'une douzaine de tasses par jour.

Ils n'habitent d'ailleurs pas bien loin, au n° 5 d'Orogodnoï sloboda.

Non, c'est dommage, Mémé n'a pas conservé de photo, mais, en revanche, un souvenir précis de cette jolie maison verte et blanche, noyée dans la verdure d'une rue campagnarde, pleine de chants d'oiseaux et de rires d'enfants, où ils ont emménagé au lendemain de leur mariage, à l'automne 1894. C'est là que, chaque soir, Maman et ses frères guettent le retour de leur Papouchka qui, dans l'encadrement de la porte, secoue sa lourde pelisse, se décoiffe de sa papaka d'astrakan noir, avant de les serrer dans ses bras. Et, plus longuement que les garçons, sa petite Anouchka qu'il embrasse en roucoulant des *douchinka* (« petite âme »), et des *galoubchik* (petit pigeon).

La photo, je la ferai cent sept ans plus tard, découvrant un hôtel particulier, apparemment inchangé dans sa robe verte et blanche, avec ses staffs, ses moulures et ses hautes fenêtres. Juste en face, à côté de l'ambassade de Suisse, à l'entrée du petit square, l'Histoire a, toutefois, déposé sa marque sous la forme de la statue en bronze d'un jeune homme, coiffé d'une casquette d'étudiant, qui tient un livre à la main. Il a l'air tout à fait comme il faut. Il aurait très bien pu, en traversant la rue, venir boire une tasse de thé chez Mémé Adrienne. Il lui aurait baisé la main, en se présentant : « Vladimir Ilitch Oulianov. »

Là où les choses ont commencé à se gâter, c'est quand Vladimir s'est mis en tête de se faire appeler Lénine.

La Russie a alors découvert le goût amer du samovar.

5

Descendant de chevalier Teutonique ou de ramasseur de patates polonais ?

Une promenade que Mémé Adrienne ne se lasse pas de refaire, alors que, quittant mes culottes courtes, je suis à présent à l'âge du premier pantalon de golf, c'est cette soirée dans le parc Petrovsky dont le souvenir la chavire encore.

Sa première sortie de jeune mariée. La troïka glisse sur la neige, faisant tinter clochettes et harnais d'argent. Nichée sous la couverture en peau d'ours, elle se blottit dans les bras du bel homme qu'elle aime, lisant dans les étoiles les promesses d'un bonheur éternel et autres délicieuses bêtises qu'on pardonne aux épousées de vingt-deux ans.

Le cocher a immobilisé son attelage devant l'entrée du célèbre « Strelnia », le Maxim's moscovite. En pénétrant sous la verrière de l'immense serre tropicale, la petite Française amoureuse jette des regards éblouis sur ce monde enchanté de fontaines, de palmiers, de cascades, de grottes ténébreuses, d'épaules nues, de diadèmes, d'aigrettes, de pamoisons à hauteur d'éventail, de favoris blancs, de louches d'argent plongeant dans le gris pâle des œufs de bélouga, de paillettes de champagne dans la buée des flûtes de cristal, tandis que de petits signes amicaux de la main sont lancés de la table voisine — un roi du coton, un grand banquier, un mécène — qui, pour le jeune couple, ont valeur de sauf-conduit au pays des jeunes et des vieux loups qui sont en train de faire de l'antique Russie une nouvelle Amérique.

Ils s'appellent Sava Mamontov ou Serge Zimine dont le plaisir est de créer des théâtres et des opéras privés, comme d'autres des usines de textile. Ou bien Konstantin Stanislavski, ce riche négociant de la nouvelle société moscovite qui, après un cuisant échec à Saint-Pétersbourg, vient de remporter un triomphe dans son Théâtre d'Art, en mettant en scène *La Mouette* de Tchekhov.

Pour avoir une chance d'apercevoir les frères Tretiakov, Sergueï Chtchouckine ou Mikhail Morozov, qui se disputent les toiles de ces barbares d'Occident, nommés Matisse, Gauguin, Monet ou Cézanne, il est recommandé de fréquenter le Slavianski Bazar, l'hôtel-restaurant chic de la rue Nikolskaïa, où Tchekhov s'attarde, passé minuit. Mais Mémé Adrienne préfère la soupe au sterlet du « Troitzka Traktir », qui revend au prix de l'or ces petits esturgeons transportés vivants dans des tonneaux depuis la mer Caspienne. Elle en parle avec presque encore plus d'enthousiasme que de la représentation de *La Kovantchina*, au Bolchoï, qui a précédé son souper et où, au pied de la loge impériale tendue de rouge, tout le parterre, debout, avait acclamé le jeune Fiodor Chaliapine, tandis que le chef d'orchestre, Rachmaninov, sa baguette sur le cœur, se courbait en deux sous les rafales d'applaudissements.

En revanche, elle ne connaîtra jamais le dîner du premier mardi du mois au Club des marchands où Grand-Père retrouve des tas de gens très importants. Certainement plus importants que lui. Il n'empêche que, au « tableau des rangs », divisé en quatorze « tchin », où depuis Pierre le Grand, chaque Russe, même le plus misérable, a son casier et son numéro d'ordre, il peut compter sur le titre de « Citoyen notable, bourgeois de Moscou ». Ainsi lesté, on peut très bien devenir millionnaire. L'ennui, pour les dames, est qu'elles ne sont pas plus admises à ce club que leurs sœurs anglaises au White's de Londres.

Ces messieurs se réservent, en effet, l'exclusivité du coulibiac à dix étages de farce différente et la vue sur les petites chanteuses de l'orchestre. Certains vont terminer la soirée au Jar Ptica (L'Oiseau de feu), dans le charivari des salons particuliers où l'on renverse les tables, les seaux à champagne et, peut-être bien aussi, les danseuses tziganes à l'œil noir.

*

Quand Mémé Adrienne m'apprend que Grand-Père Savely est venu, depuis Moscou, assister à mon baptême, à Paris, au cours de l'hiver de 1929, et qu'il est reparti là-bas pour disparaître à tout jamais, tout devient affreusement confus dans ma tête. Pourquoi nous a-t-il abandonnés, sans même me laisser le temps de lui toucher la main ? Il ne serait tout de même pas devenu communiste ? Un mot dont j'ignore le sens exact mais qui fait peur, autour de Saint-Honoré-d'Eylau.

En fait, je ne sais rien de ce grand-père auprès de qui, pourtant, je vis à travers les mots de Mémé Adrienne et dont, jour après jour, je construis la légende qui illumine de son éclat lointain et un peu barbare ma vie, gentiment ordinaire, de petit Français. Je n'ai pas très bien compris comment il a pu naître à Riga et être quand même russe. Dans mon atlas de géographie, Riga est la capitale de la Lettonie, et Mémé n'a fait que m'embrouiller en me racontant que, dans ce temps-là, la Lettonie n'existait pas, ou n'existait pas encore, et que, là-bas, ils étaient tous russes. Pourtant, dans le Larousse, on dit bien que les Baltes et les Russes, cela fait deux, et que si aujourd'hui ils ont un pays à eux, cela ne les a pas empêchés d'être, auparavant, polonais, prussiens, et même, un bout de temps, suédois.

Alors, Grand-Père, dans tout cela, il était quoi ? Un descendant de chevalier teutonique, de marchand suédois, de ramasseur de patates polonais, de soudard russe ? Mémé Adrienne me répond : « Il était riche. » Et ajoute, en riant, que comme tous les hommes riches il reprochait à sa femme d'être trop dépensière.

Quand elle a fini de me taquiner, elle extrait de son coffret aux souvenirs un papier couvert de caractères incompréhensibles et orné d'un cachet de cire appliqué sur un ruban rouge, délivré par « Oukaze de Sa Majesté Impériale ». C'est son certificat de mariage, attestant que le bel homme de vingt-huit ans qu'elle avait épousé le 5 octobre 1894 à l'église Saint-Nicolas, quartier de Bersevesk, était russe, de religion orthodoxe, et membre de la très puissante Première Guilde des marchands de Moscou. La cérémonie avait été célébrée par l'abbé Serge Strakhov assisté du chantre Nicolas Makieiev. Il ne m'en faut pas plus pour me retrouver aussitôt à l'église Saint-Nicolas où les mariés sont entourés de leurs garçons d'honneur qui, à tour de rôle, tiennent à bout de bras, au-dessus de leurs têtes, une couronne d'argent, lourde à vous faire attraper une crampe. Après quoi, le prêtre a tendu à Grand-Père et à Mémé, qui me mime la scène, une coupe de vin dans laquelle chacun a dû boire trois fois, puis il leur a lié les mains avec un foulard de soie, et trois fois encore, ils ont fait, enlacés, le tour de l'autel, face au mur d'images saintes de l'iconostase.

Me voilà rassuré, ma petite Russie me bouillonne bien dans les veines.

Il n'empêche que j'aimerais en savoir davantage. Comme Mémé ne parle jamais de sa belle-famille de Riga, j'ignore si Grand-Père a fait un gros héritage ou s'il s'est fabriqué tout seul sa fortune. Je crois comprendre qu'il a monté des entreprises de textile et fait le commerce du ciment avec la Suède et les Pays-Bas.

Vers 1900, il a eu ses bureaux dans un lieu tout neuf dont elle a gardé une photo et qui excitait beaucoup les Moscovites. C'était, en bordure de la place Rouge, un monumental édifice, connu sous le nom de « Galeries supérieures », avant de prendre, sous Lénine, celui de Goum. Derrière sa façade néoclassique, il abritait une structure de conception révolutionnaire avec, sous une immense verrière, un millier de boutiques et, au premier étage, le long de belles balustrades en fer, des espaces destinés à des bureaux où, très vite, se sont installés les hommes d'affaires, les négociants et les spéculateurs d'une ville en pleine ébullition. Des fortunes, peintes de frais par des représentants de la classe moyenne émergeante, s'échafaudaient à toute vitesse, tandis que s'en écroulaient d'autres, dans le croupissement d'une aristocratie ratatinée dont Mémé Adrienne n'entretient en rien la nostalgie : « Après tout, tranche-t-elle en un jugement sans appel, elle n'a eu que ce qu'elle méritait. »

*

A propos d'aristocrate, Mémé Adrienne en tient un, dans un album à couverture de velours rouge où deux photos sont collées côte à côte, qui n'est vraiment pas ordinaire. La première est celle d'un jeune officier aux longues moustaches effilées, sanglé dans un uniforme blanc à épaulettes dorées. Il pourrait être un Junker prussien tant son visage sue l'arrogance, mais avec un petit quelque chose en plus qui signale discrètement la canaille et la fête.

L'autre est celle d'une femme, très belle, qui sourit gravement dans un nuage de mousseline, du genre qui devait faire se retourner les « clubmen » de Moscou ou de Saint-Pétersbourg.

Mémé m'explique : « Nous étions très amies et elle avait accepté d'être la marraine de ta maman, à son baptême, à Kouskovo. Elle venait de vivre une histoire, comme il ne pouvait y en avoir qu'en Russie, en ce temps-là. »

Dame Anna Ivanovna, qui avait été demoiselle d'honneur auprès de l'impératrice, avait épousé Michel Kolokoltsev, fils d'un amiral du gouvernorat de Saint-Pétersbourg, et lui-même était à l'époque lieutenant au régiment Preobrajensky des grenadiers de la Garde. La jeune mariée ne fut pas longue à découvrir que son fringant officier avait tous les vices. Dissipé, paresseux, stupide — du moins, le pensait-on —, et surtout joueur incorrigible.

Tous les soirs, Michel se rendait à son cercle pour ne rentrer qu'à l'aube, et il dévorait avec de plus en plus d'appétit la dot de sa femme qui, bien élevée, soupirait dans son coin. « Maintenant que tu es presque un grand garçon, je peux te le dire, je me suis toujours demandé, poursuit Mémé, si Anna Ivanovna n'avait pas fini par avoir le béguin pour le meilleur ami de son mari, également officier, qu'il retrouvait régulièrement au cercle autour d'une table de jeu. Il y avait peut-être même quelque chose de plus sérieux entre eux, mais cela, elle ne me l'a jamais avoué. »

Quoi qu'il en soit, au bout d'une longue soirée affolante, ils se retrouvèrent face à face, Michel ayant tout perdu jusqu'au droschki à quatre roues qui l'attendait à la porte. Il ne demandait pourtant qu'à continuer. Oui mais avec quoi ? Personne n'aurait misé un rouble sur un pareil oiseau.

« Alors, imagine-toi que son adversaire qui l'avait complètement plumé lui proposa un marché incroyable : “ Quitte, je te rends tout… — Et double ? questionna Michel. — Tu me laisses ta femme. ”

« Il n'a pas hésité une seconde : “ J'accepte. ” Puis il a

tiré une carte. La carte perdante. D'autres se seraient brûlé la cervelle. Lui est rentré tranquillement à la maison, et, le lendemain matin, a annoncé la nouvelle à sa femme qui n'a pas fait le moindre commentaire. L'après-midi, elle a fait emballer ses affaires et est partie honorer la dette de son mari. »

L'histoire ne s'arrête pas là. Michel a démissionné de l'armée et s'est embarqué pour l'Amérique. Ce viveur soi-disant incapable réussit, malgré tout, à faire fortune dans le commerce des grains, et, quelques années plus tard, il débarqua à Moscou.

« Il avait appris, je ne sais trop comment, poursuit Mémé Adrienne, que son ancien compagnon de jeu était mort, après avoir causé ce fameux scandale dont tout Moscou s'était amusé. Anna Ivanovna vivait donc seule, avec une domestique, quand son diable de mari, dont elle n'avait eu aucune nouvelle jusque-là, se présenta tranquillement à sa porte. En l'apercevant elle n'eut aucun mot de reproche mais lui dit simplement : “ Ah, c'est vous ? ” Depuis ce jour, ils ne se sont plus quittés et ont vécu heureux, ni plus ni moins que tout le monde. C'est à ce moment-là que nous nous sommes rencontrées et sommes devenues amies. Vois-tu, mon petit, le Russe est peut-être invivable mais n'est pas du tout compliqué. Il prend la vie comme elle vient et comme elle s'en va. »

La marraine de maman et son somptueux mari ne manquent pas d'enrichir ma collection d'icônes familiales. Quelle chance j'ai, moi, l'anodin petit Français du square Lamartine, même avec un simple rôle de figurant, de me retrouver sur les planches de cette troupe d'extravagants qui m'entraîne derrière elle vers un monde délicieusement brûlant !

Je n'en finis d'ailleurs pas de découvrir, l'une après l'autre, les excitantes folies de ma tribu tartare. Ainsi, contée par Mémé Adrienne, la disparition subite de son fils Alexis dont je vais, à la veille de la guerre, devenir de plus en plus proche, tant j'éprouve pour lui une vraie passion d'amitié.

Au début de la Grande Guerre, il s'était engagé à dix-sept ans en trichant sur son âge, avec son frère André. Petit mais tout en muscles, il avait eu très tôt un goût pour la boxe et avait donc apporté avec lui sa paire de gants dans la brigade de l'armée russe qui combattait sur le front français. Quand l'occasion s'en présentait, au retour des tranchées, il livrait des combats dont il sortait généralement vainqueur. Après sa démobilisation, il s'était installé à Auteuil rue Daumier, chez sa mère qui, quelque temps avant le conflit, avait quitté Moscou avec Alexis et ses trois autres enfants : André, futur dessinateur de mode ; Michel, très beau, très brillant, une sorte d'Alfred de Musset à la russe qui mourra à vingt-quatre ans d'une phtisie galopante, après avoir désespéré sa mère en s'engageant comme laveur de voitures dans un garage, afin de subvenir aux besoins d'une maîtresse de quinze ans son aînée ; Anouchka, ma maman Anne, dont la santé fragile ne lui permettra jamais d'accomplir son destin de pianiste professionnelle. Et, enfin, à la petite tribu, s'était ajoutée Irène, que mon grand-père est venu fabriquer, avant la révolution d'Octobre, à Mémé Adrienne, dans sa villa de Nice. Douée par la nature d'une ravissante voix de soprano léger, ma tante Irène, assez insupportable, préférera un riche mariage à Rossini.

Alexis était le plus affectueux, le plus tendre des fils, et, pour rien au monde, n'aurait cherché à causer la moindre peine à sa mère. Puis, un jour comme les autres, il lui annonça : « Je descends chercher des cigarettes. J'en ai pour cinq minutes. » A la suite de quoi il a disparu sans laisser de trace, plantant là une mère seule, chargée de famille, dont, pour tout arranger, le mari était plongé à Moscou dans la grande tempête bolchevique.

Deux ans plus tard, elle continuait de remuer ciel et terre pour retrouver la trace de son fils quand, passant avenue de Wagram devant la salle du même nom où se livraient des combats de boxe auxquels elle ne s'intéressait pas le moins du monde, son regard se posa, par hasard, sur une affiche à l'entrée.

Il y avait là la photo d'un jeune boxeur, les poings en avant, et, juste au-dessus en caractères gras : « L'espoir des poids plume : Alexis le Cosaque ».

Son cœur battit la chamade. Oui, ce Petit Poucet, athlétique et beau garçon avec son nez busqué, un peu de travers, et son regard incandescent sous les sourcils charbonneux, était bien son Alexis chéri.

Fonçant à l'intérieur, elle le trouva qui attendait chez le soigneur son tour de monter sur le ring. Il n'y eut pas de scène, pas de grands mots, pas de crise de nerfs. Juste quelques larmes de joie sur les joues de Mémé Adrienne, et, à l'issue du combat, la mère et le fils repartirent bras dessus bras dessous à la maison où Alexis retrouva sa chambre et son lit.

En fait, c'était tout bête. Il n'avait jamais été dans ses intentions de quitter la maison. Au bar-tabac où il était allé acheter des cigarettes, il était tombé, tout à fait par hasard, sur un ancien camarade de la brigade russe et, autour d'un verre, ils avaient parlé de leur nouvelle vie. Celle de mon oncle Alexis était rapide à raconter : il tirait les sonnettes pour trouver du travail mais, jusqu'à présent, sans succès, faute de la moindre qualification. En attendant, il disputait en amateur des matchs de boxe et se débrouillait d'ailleurs pas mal, sans trouver pour autant le moyen d'en vivre.

Aussi, lorsque son camarade de régiment lui apprit que lui-même avait signé un engagement sur un cargo à Anvers et que s'il voulait l'accompagner il s'arrangerait pour le faire embarquer, Alexis accepta d'emblée sa proposition. Mais il ne fallait pas perdre une minute si on ne voulait pas rater le train à la gare du Nord. Pas question de remonter prendre sa brosse à dents. Quant à Mémé

Adrienne, il serait toujours temps de la prévenir. Elle serait sûrement ravie d'apprendre que son fils avait trouvé un travail dans la Marine. Nul besoin de préciser que c'était pour manier la pelle à charbon.

Seulement voilà, dans la vie, on ne fait pas toujours ce que l'on veut. A Anvers l'embarquement eut lieu plus rapidement que prévu, et donc, pas moyen d'envoyer un mot à Paris. Après ce cargo-là, il y en eut un autre, si bien que, de fil en aiguille, la lettre resta dans le stylo.

Mais pourquoi s'alarmer ? Alexis avait bien l'intention de revenir un de ces jours et, alors, tout rentrerait dans l'ordre ; ce qu'il fit, d'ailleurs, et s'il ne prévint pas sa mère de son retour, c'est parce que, en chemin, il avait rencontré une jeune personne à laquelle il avait trouvé des qualités, et que, en outre, à son arrivée à Paris, il s'était vu proposer des combats de boxe tout à fait intéressants. De toute façon, puisqu'il avait retrouvé sa mère chérie, c'est que le destin l'avait voulu.

Ce qui doit arriver, arrive. En particulier à un Russe.

Lors de la guerre suivante, le même Alexis appliquera, en d'autres circonstances, sa philosophie de base, consistant à ne jamais dévier d'un pouce du chemin où le Seigneur, dans son infinie sagesse, a décidé de le laisser tomber.

En 1940, affecté à Suresnes, il partagera une chambre avec le comédien Marcel Herrand — l'une des futures vedettes des *Enfants du paradis* — à qui sa grande amie Arletty viendra, chaque semaine, apporter un paquet de vivres et une pile de livres, aussi bien Céline que le cardinal de Retz, l'autre chouchou de « Gueule d'atmosphère » qui en poursuivait la lecture jusque sur la lunette de ses toilettes.

Mon oncle Alexis ne se séparera pas de son chien Toto, une sorte de fox aux origines évasives qui compensait son gros bide et sa tache noire autour d'un œil par une intelligence hors du commun.

Quand sonnera l'heure du sauve-qui-peut, au lieu d'expédier ces redoublants du casse-pipe vers le sud, l'état-major les postera dans le Nord, du côté d'Amiens, où au bout de quarante-huit heures, on se décidera quand même à les faire monter dans des camions, et, cette fois, dans la bonne direction. Toutefois, pas question d'avoir un chien à bord.

Pour Alexis, ce ne sera pas un problème. Puisque l'armée française ne veut pas de Toto, ils prendront tous les deux la route à pied.

Moyennant quoi, Alexis se fera cueillir deux jours plus tard par les premiers panzers et expédier dans un stalag en Rhénanie, après avoir confié son Toto à un villageois charitable.

Il aura la chance de revenir d'Allemagne un an plus tard, sans en vouloir pour autant à la gent animale. Bien au contraire, il se privera toute sa vie de vacances pour nourrir sur un terrain vague de Neuilly les bêtes sans collier. Tant et si bien que lorsque, frappé dans la rue d'un infarctus, il prendra le chemin du cimetière, une bonne âme accrochera à son cercueil une couronne barrée de cette inscription : « A notre ami Alexis, les chiens et les chats du quartier, reconnaissants ».

6

4 000 morts ? On ne décommande pas un bal pour si peu de chose

« Pourquoi dis-tu que les Russes ne sont pas méchants mais juste un peu sauvages ? Moi, je les trouve formidables. Qu'est-ce que j'aimerais être russe ! — Tu l'es déjà un peu, répond Mémé Adrienne. Mais attends donc, je vais te montrer quelque chose. »

Elle s'en va fouiller dans son petit meuble noir et en sort un cahier. Il y a là, collé face à un carton d'invitation en russe, au nom, dit-elle, de Grand-Père et d'elle-même, un article en français avec des photos. Il est tiré d'un numéro de *L'Illustration* consacré au couronnement de Nicolas II, que je conserverai précieusement.

Tout Moscou s'est jeté dans la rue, en cette matinée du 14 mai 1896, à se dévisser la tête et se hisser sur la pointe des pieds, dans l'espoir d'apercevoir l'interminable ruban aux mille couleurs du cortège qui emporte la famille impériale, les dames d'honneur, les hauts dignitaires, les chambellans, les maréchaux de noblesse, les princes étrangers et les députations des peuples asiatiques, jusqu'au cœur du Kremlin, au pied de la cathédrale de l'Assomption que, avec ses deux voisines, de l'Annonciation et de l'Archange-Saint-Michel, on compare à une gerbe de trois épis d'or. Parées de casques, de boucliers et de drapeaux aux couleurs de l'Empire, les tribunes des invités, où les fracs des diplomates et des riches marchands se mêlent aux caftans et aux uniformes galonnés, sont bourrées à craquer.

Emballé par le galop de l'alliance franco-russe, où l'on s'aime à perdre haleine, le journaliste défaille à chaque instant au spectacle des trompettes et des timbales, des casaques rouges des chevaliers-gardes, des mitres des grenadiers, des cuirasses d'or, des lances brandies par les cosaques de la Garde, du sceptre et de la couronne impériale, portés sur des coussins brodés d'or, et quand le tsar, sur son cheval blanc harnaché de cuir rouge, fait son apparition en uniforme sans aiguillettes avec seulement le cordon bleu de l'ordre de Saint-André lui barrant la poitrine, c'est la pamoison générale.

Le petit homme à l'œil de toutou en porcelaine de Staffordshire serait certainement plus à l'aise à Buckingham Palace, à Windsor Castle, devant une assiette de *savouries*, à parler cricket et chasse au renard avec son cousin George à qui il ressemble comme deux gouttes de lait écrémé dans une tasse de thé fade, que dans le trône d'Ivan le Terrible. Gentleman-rider au pays des loups, il lui faut faire bonne figure et se glisser, sans aussitôt disparaître en fumée, dans la peau d'un tsar de toutes les Russies. La tâche est rude.

Mais la couronne étincelante de diamants, tendue au-dessus de sa tête par le métropolite-archevêque, celle, plus petite, de l'impératrice, cerclée de fleurons diamantés, le rameau d'or trempé dans le saint chrême, dont on l'oint, en proclamant : « Ceci est le sceau du Saint-Esprit », la splendeur des chœurs, les hourras de la foule devant laquelle, au sortir de la cathédrale, par l'escalier Rouge, le souverain s'incline trois fois, les milliers de pigeons lâchés dans le ciel, affolés par les cloches des trois cents églises qui battent à toute volée et les cent un coups de canon de l'artillerie de la Garde, les bannières jaunes, frangées d'or qui flottent au vent : comment dans ce tourbillon de gloire où Dieu donne la main au tsar, un homme ordinaire ne se sentirait-il pas pousser des ailes d'aigle et un *old good boy* des pattes de lion ?

La suite, rapportée dans un autre article, était moins glorieuse.

Peu de Russes ont eu vent à l'époque de la tragédie qui, quatre jours après le couronnement, s'est déroulée à Khodynka, car la presse sut se montrer discrète, et les affichettes clandestines, dénonçant le scandale, furent vite retirées par les agents de l'Okhrana, la police secrète du tsar. La veille, dès minuit, près de deux cent mille personnes se pressent dans l'immense plaine, au-delà du château de Petrovsky, là même où Napoléon s'était réfugié après avoir été chassé par les incendies, allumés un peu partout dans Moscou par des bandes de patriotes rameutés par le général-gouverneur Rostopchine.

A 4 heures du matin, ils sont plus de quatre cent mille.

C'est une tradition, après la cérémonie qui se déroule à Moscou et non dans la capitale Saint-Pétersbourg, de convier la population à diverses réjouissances sur ce terrain qui a servi de champ de courses, de champ de manœuvres et aussi, plus récemment, de site à l'Exposition française de 1892. On a donc monté cent cinquante baraques en bois formant une sorte de barrière où les gens sont invités à retirer de petits paniers en osier contenant des pâtés, du saucisson, des fruits secs et un gobelet portant le chiffre des souverains, avec l'aigle impériale.

La dernière fois, lors du couronnement d'Alexandre III, la fête s'était déroulée dans le calme et la bonne humeur. A présent, les conditions ne sont plus les mêmes. Les travaux ont été bâclés par des responsables incompétents qui n'ont fait combler qu'à moitié les trous au-dessus desquels ont été édifiés les comptoirs, et, pire encore, ont installé les baraques à proximité d'un large et profond ravin d'où les ouvriers municipaux ont l'habitude, depuis un certain temps, d'extraire du sable.

La foule se bouscule autour des comptoirs, et c'est bientôt l'affolement quand, sous la pression de la marée humaine, des dizaines et des dizaines d'hommes, de femmes et d'enfants, dans un enchevêtrement indicible et sous des hurlements de frayeur, basculent dans l'immense fossé pour y mourir étouffés. Les planches des baraques cèdent les unes après les autres, tandis que la foule, incontrôlable, continue de déferler et de s'abattre sur les cadavres et les agonisants.

Les soldats et les pompiers tentent de former des cordons, aussitôt rompus. Tout ce qu'ils peuvent faire est de commencer à dégager les corps. A la fin de la matinée, on en comptera près de quatre mille, dans une estimation vague qui ne sera d'ailleurs jamais précisée.

La Khodynka est tellement vaste que, tandis que le carnage n'a pas encore pris fin, trois cent mille autres participants aux réjouissances sont tranquillement attablés ou bien groupés devant les tréteaux où se produisent les baladins, les joueurs de balalaïka et les montreurs d'ours. La distance les empêche de se douter de quoi que ce soit. Aussi, quand surgissent, dans leur victoria encadrée par les gardes à cheval, l'empereur et l'impératrice, une longue acclamation les accueille, et la joie populaire se déchaîne de plus belle.

Le tsar finit tout de même par être informé de la tragédie, et son premier réflexe est de mettre aussitôt fin à la fête. Son entourage se récrie ; un tsar ne doit pas s'abandonner à la sentimentalité ! Les grands-ducs sont les plus véhéments. Il y va, selon eux, de l'avenir de la Couronne. Surtout, pas de faiblesse.

« Soit », se résigne à répondre Nicolas. Comme de toute façon son éducation anglaise a gommé soigneusement de son visage tout ce qui pourrait s'apparenter à une quelconque manifestation de sentiments intimes, c'est avec une face lisse et un regard perdu dans le vague qu'il préside au lâcher des montgolfières.

Il est prévu pour le soir que le tsar ouvre le bal au palais Cheremetev, siège de la délégation française. A nouveau, il hésite et éprouve quelque scrupule à aller danser. Le général-commandant les chevaliers-gardes se récrie et met rapidement fin à ses embarras de conscience en lançant ces mots qui enchanteraient le Proust du *Côté de Guermantes* : « Est-ce bien la peine de décommander un bal pour si peu de chose ? » Mémé Adrienne a raison. Les Russes ne sont pas méchants. Juste un peu sauvages.

7

La rue des Franzouskis

Je finis par comprendre que Mémé aime la Russie mais beaucoup moins les Russes. Elle a certainement ses raisons.

Elle sera restée jusqu'au bout l'éternelle petite Française des antipodes qui ne veut surtout pas prendre racine, s'invente des mers intérieures et s'enferme dans des parenthèses.

Kouznetski Most, où ses parents avaient leur magasin, fiers de son écusson de l'aigle à deux têtes des fournisseurs de la cour impériale, était « la » rue française, celle où il convenait d'être quand on avait l'ambition d'initier ces lourdauds de Moscovites aux raffinements des plaisirs parisiens.

On l'imagine sans peine, cette colonie de confiseurs à l'air sucré, de grands chefs de cuisine qui frisottent leur moustache du bout des doigts, de maîtres d'hôtel qui font la roue, de modistes qui minaudent, de couturières qui flagornent, de joailliers qui jobardent, et tout ce petit monde qui, d'une porte à l'autre, fait rebondir les derniers cancans, affûte les médisances, aiguise les jalousies, échauffe les passions, mais ne voudrait pour rien au monde sortir du cercle où ils se sont claquemurés.

Rien de très original, d'ailleurs, car c'est ainsi partout où ont atterri des Français aventureux et ivres d'horizons nouveaux qui, un jour, ont eu la folle audace de tout quitter et de larguer les amarres pour, en fin de compte, s'en cordeler d'autres, à des milliers de kilomètres plus loin.

Les parents de Mémé avaient eux aussi sauté le pas. Ils firent d'elle une Moscovite, et pourtant, elle ne l'a jamais vraiment été.

Des dizaines d'années plus tard, j'irai contempler la façade au n° 3 Kouznetski Most, de l'immeuble de six étages, couleur vert d'eau, toujours là avec son fronton Art nouveau et ses mosaïques multicolores, mais où, en place du grand magasin, on trouve les comptoirs de compagnies aériennes étrangères. La rue où le Moscou des dandys, des femmes bien nées, bien épousées ou très bien entretenues venait coller son nez sur le scintillement des mille tentations, et qui sent à nouveau battre son pouls, après soixante-dix ans de relâche. Seules les enseignes du luxe ont changé de nom.

De retour à Paris, je retrouverai la trace d'un neveu français de Mémé, Claude Désery, dont je me souvenais et qui, à force de recherches, était devenu la « mémoire de la famille ». Il m'en ouvrit généreusement les portes.

L'histoire des aïeux, côté maternel, que nous avons en commun, tient à la fois de *Sans famille* et des *Deux Orphelines*.

Ce fut la pauvreté qui poussa, au milieu du XIXe siècle, Claude-Michel Désery et son épouse Joséphine à aller faire fortune dans le pays d'Extrême-Europe où il y avait pourtant le plus grand nombre de pauvres gens à crever de faim. D'autres auraient embarqué sur le pont d'un navire d'émigrants en route vers New York. Claude-Michel et Joséphine ont préféré la route glacée qui conduisait jusqu'à un gros bourg de trois cent mille habitants, pour la plupart mal dégrossis, et, en tout cas, à des centaines de verstes des petits maîtres et des grands seigneurs frottés de belles manières de Saint-Pétersbourg.

Le choix de Moscou, au début des années 1860, n'était toutefois pas si mauvais. Bien que loin de la cour impériale, des salons littéraires et de la grande vie artistique, il y avait là, en train d'éclore, une nouvelle société qui, tous les matins, sortait de chez elle, humant le vent d'Occident, et, surtout, celui de Paris qui fouettait le mieux les sens, chavirés par ces merveilles lointaines qu'étaient la mode, les parfums et les bibelots. De plus en plus, Moscou travaillait, produisait, s'enrichissait. A la fin du siècle, la population aurait plus que triplé, et le bourg aux fumets moujiks serait devenu une puissante et dynamique métropole.

En eurent-ils le pressentiment ? En tout cas, Claude-Michel et Joséphine misèrent sur le bon cheval. Après les petites gouvernantes, les coiffeurs et les comédiens français, il y eut place pour le solide et le liquide, pour ce commerce de luxe « made in Paris » qu'on commençait à s'arracher dans le monde entier, y compris chez les gardiens de bétail de l'Ouest américain.

Les futurs parents de Mémé formaient le couple le plus mal assorti du monde. Claude-Michel avait vingt-cinq ans de plus que son épouse. C'était un doux et elle était déjà une sacrée bonne femme, en dépit de son jeune âge. Ce qu'ils avaient en commun était un double passé familial lamentable et triste à faire pleurer dans les isbas. Dans cette France impériale, au zénith de la félicité, ils symbolisaient la France des bas-côtés, des pouilleux et des sans-grade.

Geneviève, la mère de Joséphine, avait été trouvée dans un carton à chapeau à la porte de l'hospice de Compiègne. On lui attribua alors le nom de Tarasi, qui ne serait pas sans rapport avec les « gens du voyage ». Placée plus tard comme lingère, elle fit la connaissance à Paris d'un écrivain public de la rue Hautefeuille, un certain Jean-

François Laborde. Il se nommait en réalité Laborde, comte de Ferrié, et appartenait à la vieille noblesse agenoise. Depuis que son père avait déshonoré le blason en dilapidant au jeu et avec ses maîtresses la fortune familiale, le jeune homme avait dû quitter le château de Ferrié, à Penne-d'Agenais, pour se retrouver à Paris sans le sou et s'interdisant obstinément de porter son titre. Du haut de sa fierté blessée, il se refusait à toute compromission. Lorsque, par exemple, Ferdinand de Lesseps — l'homme du canal de Suez —, qui était un ami de la famille, lui offrit, par pure bonté d'âme, de grands terrains dans la verte campagne de Levallois, il lui répondit, outré : « Un Laborde ne reçoit pas de cadeaux. »

A la mort de sa fille aînée qu'il adorait, il se jeta à l'eau, laissant une veuve qui parvint à peine à nourrir ses enfants. Elle trouva néanmoins une place pour la petite Joséphine dans un atelier de couture, et, plus tard, mon arrière-grand-mère rencontra un monsieur mûr et très gentil qui, une fois le mariage célébré, l'embarqua aussitôt pour Moscou.

Ce Claude-Michel Désery était né, lui aussi, avec dans la bouche, la cuillère en fer-blanc de l'infortune. Dans la ferme paternelle de Sallanches, en Savoie, l'ordinaire n'était pas compliqué : le matin, pain et pommes de terre ; le soir, pommes de terre et pain. Il aurait pu devenir ramoneur, mais le destin le plaça à Lyon chez un spécialiste des soies peintes. A Moscou, le succès fut immédiat. Les soies peintes étaient une nouveauté, et les dames de la bonne société en raffolaient.

Pour le couple, ce n'était pas encore la fortune, mais ils avaient déjà réussi à ouvrir leur première boutique.

La surprise est venue de Joséphine. Devenue patronne, la petite jeune femme se révéla une formidable femme d'affaires. De Paris, elle faisait venir dans son élégant magasin, juste en face du Kremlin, sur le quai Sofiskaya (rebaptisé plus tard et, pour un temps seulement,

« Maurice-Thorez »), tout ce qui permettait de constituer la panoplie de la riche Moscovite qui se voyait déjà sur les rives de la Seine et au bal de l'Opéra. Les parfums les plus captivants, les robes les plus audacieuses, les boas et les mille et un petits objets parfaitement inutiles et totalement indispensables, tout était là pour faire accourir les tigresses.

Il fallut s'agrandir. On s'installa dans la fameuse rue où les Franzouskis faisaient des étincelles, offrant à la mère patrie une juste revanche sur le flop de la Bérézina.

L'excellent mais peu folichon et vieux mari eut l'imprudence de tout mettre au nom de Joséphine qui, belle femme appétissante, aurait aimé voir le loup un peu plus souvent. Elle prit un amant. Un Ecossais, échoué à Moscou. Un certain George MacNeight, coureur de jupons, siffleur de scotch, avaleur de roubles, et strictement bon à rien. Le vrai « rascal » des romans anglais ou, dans sa version française, la canaille, chapeau sur l'oreille, dont raffolait Guy de Maupassant.

Le brave Claude-Michel n'eut rien de mieux à faire que de rentrer à Paris, laissant auprès de sa mère la petite Adrienne — ma future grand-mère —, mais emmenant avec lui ses deux fils qu'il inscrivit à Janson-de-Sailly, tandis que lui s'installait dans un bel appartement de l'avenue Bugeaud. Mari exemplaire, il fit à Joséphine l'ultime cadeau d'une mort rapide, laissant ainsi le champ libre à l'Ecossais qui épousa la veuve, nullement éplorée, que sa brillante clientèle nommait déjà depuis longtemps, sans égard pour les convenances, « Mme George ».

M. George était le meilleur et le plus ardent des époux, si ce n'était cette manie qu'il avait de tromper sa femme ouvertement et de lui ratisser sa fortune, ainsi que l'argent qui aurait dû revenir aux enfants de Claude-Michel et de Joséphine. Tout s'évapora avec le même entrain dans les cercles de jeu et sur les hippodromes. Le magot que Claude-Michel avait imprudemment confié à sa femme pour la dot d'Adrienne et les futures études des deux garçons programmées, l'un en saint-cyrien et l'autre en médecin, fut essoré jusqu'au dernier centime.

Mme George, dont la maison était pourtant en pleine vogue, dut réduire sévèrement son train de vie pour ne pas le voir dérailler pour de bon. Son cher homme des Highlands, devant qui elle filait doux, lui pardonnant ses pires incartades, amena un jour à la maison un jeune et brillant homme d'affaires moscovite, un certain Savely Mazur, encore célibataire.

J'ignore si Mémé Adrienne sut jamais la vérité, que mon cousin Claude m'a révélée, la tenant lui-même de sa mère. En tout cas, tout avait été arrangé par l'Ecossais qui, devant une forte somme à mon futur Grand-Père Savely, lui avait mis le marché en mains : « Vous effacez ma dette, vous m'aidez à en rembourser quelques autres, et si la petite vous plaît, elle est à vous. »

Adrienne plut à Savely. Savely plut à l'innocente Adrienne. Et c'est ainsi que fut célébré un peu plus tard leur mariage d'amour.

Un de ces petits riens d'élégance qui vous classent un personnage : en 1906, à la mort de Joséphine, son épouse, le délicat Ecossais eut l'idée charmante de se faire photographier devant sa tombe, au cimetière des Etrangers de Moscou. A califourchon sur une chaise et le chapeau sur l'oreille.

Il ne lui restait plus qu'à se précipiter sur la première femme riche qui passait par là. Il s'y employa avec succès.

8

C'est curieux. Les pauvres vont toujours bien

Ma forêt sibérienne a changé de couleur.

Les Allemands sont dans le bois de Boulogne et aussi dans les bois de Meudon où je chassais le loup et traquais l'ours.

Guérie, Maman a repris parmi nous le relais de Mémé Adrienne qui ne me racontera plus jamais notre petite Russie à tous les deux. Quand elle a fermé les yeux et que mon père a posé sur ses mains jointes une photo d'elle et de Grand-Père Savely, entourés de leurs cinq enfants, mon oncle Alexis s'est assis au bord de son lit, en face de son frère André. Jusqu'à l'aube, ils ont raconté des blagues et des histoires drôles dont ils tenaient un stock inépuisable.

Mémé se serait tordue de rire en les entendant. Ils n'ont pas voulu la priver de ce dernier plaisir.

Maman est sûrement guérie, mais maintenant, il ne se passe pas de semaine sans qu'elle se trouve, au moins un jour entier, plongée dans le noir de sa chambre, en proie à d'atroces migraines et d'irrépressibles vomissements. Ses gémissements, on pourrait même dire ses feulements de bête blessée, m'atteignent jusque dans ma chambre, pour résonner à jamais dans ma tête, comme le bris d'une vie ruinée. Mon père s'assied près d'elle et reste là, en silence, jusqu'à ce que Maman, souffrant trop pour supporter une présence, lui fasse signe de s'en aller. Il sort alors, sur la pointe des pieds, les yeux rougis. Quand la crise, dont aucun médecin ne connaît la cause, est terminée, Maman se fait belle, court à la cuisine préparer des gâteaux, à base de produits de fortune — carottes, pommes de terre, rutabagas, faux sucre — qu'en un tournemain, sous le coup d'un état de grâce pâtissière, elle métamorphose en autant d'énigmatiques et exquis desserts.

Il lui arrive alors de me glisser dans la tête des images de Moscou ou de Kouskovo, entre son Papouchka et Mémé Adrienne. D'infimes images, mais, pour moi, gravées à jamais : l'agitation désordonnée des départs pour la campagne... Sa grande affaire de la collecte des provisions de bouche dont Mémé a toujours peur de manquer et qu'on rajoute au dernier moment... Les trotteurs du droschki de tête qui piaffent et, précieuse petite porcelaine, Maman entortillée sur les genoux de son père. Derrière, dans l'autre voiture, l'empilement des trois garçons, insupportables, entre la niania et les bagages. Trois heures plus loin, c'est la datcha dont la dentelle de bois se détache sur la blancheur tachetée des bouleaux, le vert sombre des sapins et celui, tendre, des pommiers. Anouchka sort son lapin blanc du clapier et, à quatre pattes tous les deux, ils courent dans la prairie.

Quoi d'autre ? Ah oui, les grandes tablées de domestiques qui, le matin, hèlent les amis et connaissances qui passent à proximité, retiennent le facteur, le petit livreur du boulanger, le colporteur qui pose son sac, et quand arrive le déjeuner il y a deux fois plus de monde du côté des cuisines que dans la salle à manger des maîtres où l'on ne manque toutefois jamais d'ajouter trois ou quatre couverts, au cas où des amis surgiraient à l'improviste.

« Comme en France nous sommes mesquins ! soupire Maman. Je ne m'y habituerai jamais. »

D'autres fois, il lui revient à l'esprit un de ces mots

incongrus dont, à Moscou ou à Kouskovo, Mémé Adrienne avait la spécialité. Par exemple : « C'est curieux, j'ai remarqué que les pauvres vont toujours bien. Il n'y a que les riches comme nous qui se plaignent. »

A Kouskovo, il y a aussi l'enterrement des nouveau-nés dont maman a gardé le souvenir plutôt joyeux. En effet, comme dans d'autres campagnes russes, quand on conduit un nouveau-né au cimetière, on commence par pleurer, et, ensuite, on dresse les tables autour de la fosse, on sort les provisions des paniers, et, avec la famille et les amis, on mange, on boit, on se réjouit, surtout, en bénissant le Ciel « d'accueillir un nouveau petit ange ».

Près de la datcha, il y a des merveilles. Elles m'arrivent bien floues, dans une brume blanche qui m'empêche d'en distinguer les détails, mais je vais en rêver toute ma vie. Rien que le nom — Kouskovo... — qui craque comme une noisette. Je ne me lasse pas de le répéter : « Anouchka de Kouskovo... Maman de Kouskovo. » Le village des comtes Cheremetev qui, avec deux cent mille serfs, à la « belle époque » (celle d'avant l'abolition de l'esclavage par le tsar Alexandre II), auraient eu tort de se plaindre de manquer de personnel...

Plus tard, j'ouvrirai quelques guides de l'Union soviétique. Kouskovo s'y trouvera bien, mais l'affaire sera liquidée en quelques lignes, avec la mention d'une collection de porcelaine et, évidemment, beaucoup plus excitant pour le touriste, d'un combinat d'usines de textile. Mais c'est seulement au retour des Solovki que je vais découvrir l'extravagant village où ma mère est née.

Bien sûr, je ne me fais aucune illusion : la datcha des Mazur (Masour, en France, Mazur en Russie) se trouvait à l'extérieur et non à l'intérieur des murs de la noble « maison Cheremetev », première fortune de l'empire. Il n'empêche : quel voisinage pour une famille de « bourgeois de Moscou, de la Première Guilde des marchands » !

Restauré après la chute du communisme, tout est là

pour fabriquer un Versailles à la russe, qui donnait à des aristocrates un peu primitifs le sentiment de vivre chez Louis XIV ou Marie-Antoinette : les allées et massifs à la Le Nôtre, les pièces d'eau avec leurs nymphes, la grotte incrustée de coquillages et de porcelaines précieuses, la volière, la ménagerie aussi bien que le théâtre de verdure ou l'orangerie. Et pour rajouter une petite couche de vernis occidental, les Cheremetev ont planté ici un chalet suisse, là une grosse maison hollandaise en briques rouges et murs carrelés, bien ventrue, et, un peu plus loin, un palais palladien, à portique ionique, curieusement construit en bois mais recouvert d'un plâtre peint, imitant la pierre blanche.

Maman m'a parlé d'une église où Mémé et Papouchka emmenaient les enfants le dimanche. Serait-ce celle de Saint-Michel, immaculée comme neige sous sa flèche dorée et son dôme surmonté d'une statue de l'archange ? Dressée à droite du palais en bois, j'imagine que les Cheremetev l'ouvraient toute grande aux habitants du village. Peut-être que je me trompe mais, à l'heure de l'office, je crois bien avoir vu, au dixième rang, Grand-Père Savely, Mémé Adrienne et leurs quatre enfants.

*

De tous les Jésus, c'est en tout cas le leur qui a ma préférence. Un Jésus impérial qui sait incendier les cœurs et chauffer les foules. C'est à mon père que je dois de lui rendre ma première visite en 1941, à la cathédrale Alexandre-Nevski, rue Daru.

Papa n'a jamais mis les pieds dans notre petite Russie, et, logiquement, tout devrait l'en éloigner. Huitième enfant d'une famille bourgeoise catholique de la place Pereire où, à la double exception d'un ancêtre, ancien garçon d'écurie promu général d'Empire sur le champ de bataille, et dont le nom est gravé sur l'Arc de triomphe, et d'un lointain cousin, Claude Chappe, inventeur du télégraphe, les plus téméraires ne se sont jamais aventurés au-delà de l'état de notaire, d'ecclésiastique, de parfumeur ou de directeur des Assurances générales, il a bousculé le cours du long fleuve tranquille en installant une patrouille de cosaques dans sa vie quand, au milieu des années 1920, il est tombé amoureux, sur une plage bretonne, d'une belle jeune fille au regard d'un profond bleu-vert et qu'il l'a épousée. Elle a alors cessé, pour lui, d'être Anne de Bretagne, pour redevenir Anouchka de Moscou.

Avant d'en ruiner quelques milliers, la Russie des tsars avait fait rêver beaucoup de Français, les uns rentiers en caleçon de flanelle et chapeau melon, les autres, intellectuels ou artistes, avides d'horizons nouveaux, mais tous délicieusement troublés par le charivari sauvage et le ramdam impérial, soufflés jusque sur les rives de la Seine par le vent des steppes. Il y avait eu là comme le coup de sang d'une folle amitié qui allait se perdre dans les barbelés et la boue des tranchées. Mon père n'avait pas plus échappé aux sortilèges de cette romance que ses amis de collège ou de Sciences-Po, tous succombant à la magie des Ballets russes, du *Prince Igor*, de *Schéhérazade* et de toute cette orgie asiate qui avait répandu sur Paris sa « semence barbare ».

Passionné de beaux livres, Papa s'était laissé embarquer, pour un tour, par un Juif ukrainien ou bessarabien, un certain Simon Kra, grand ami de Blaise Cendrars, qui laissera un nom fugitif mais étincelant dans le monde de l'édition d'avant-garde comme dans celui des impayés, des coups tordus et des faillites carabinées. Papa y avait perdu quelques plumes mais gardé le souvenir émerveillé des soirées Tchekhov avec Georges et Ludmilla Pitoëff ou des soupers au « Coq d'Or », à Montparnasse, le rendez-vous préféré des « taximètres » princiers dans la débine, quand ils ne pouvaient pas s'offrir, les jours fastes, le caviar pressé et le koulibiak de chez Korniloff, rue de Ponthieu.

Quand je repense aujourd'hui à sa première rencontre avec ma mère, je ne crois pas du tout à un caprice du hasard. Il ne devait pas y avoir beaucoup d'autres jeunes filles de Moscou, ce jour-là, au bord de la plage de Saint-Cast, à tenter quelques mouvements de brasse, près du rivage, et si c'est à ce jeune homme-là et à nul autre qu'elle s'adressa pour demander : « S'il vous plaît, Monsieur, pourriez-vous me dire si j'avance ? », c'est qu'il y avait entre eux trop de choses qu'ils ignoraient mais n'existaient pas moins pour que l'affaire ne se conclue au plus vite par un mariage d'amour.

De ce jour, non content d'avoir épousé « la Cosaque », comme disait obligeamment sa concierge, il a pris en charge sa belle-famille et épousé, sans hésiter, son Orient compliqué. Son sang normando-parisien n'a fait qu'un tour pour se tirer à l'alambic un petit arrière-goût à la russe. C'est mon père qui me fera lire Tourgueniev et ses *Récits d'un chasseur*, Gogol et son *Tarass Boulba* ; c'est lui qui, pour la pâque orthodoxe, arrivera les mains pleines de pirojki farcis, de gros cornichons et de paskha en pyramide de fromage blanc, de crème aigre et de fruits confits ; c'est lui qui arpentera inlassablement les antichambres des ambassades et les bureaux de la Croix-Rouge, dans l'espoir de trouver des traces de son beau-père disparu ; c'est lui qui laissera dans les restes de sa bibliothèque, où je les trouverai après sa mort, des exemplaires de *La Russie opprimée*, l'hebdomadaire édité à Paris par Alexandre Kerenski, le Premier ministre chassé par la révolution d'Octobre, et où, dès 1926, toute la vérité avait déjà été révélée sur Solovki, la « perle » de l'archipel du goulag.

*

Sur les marches de la cathédrale Alexandre-Nevski, *Les Malheurs de Sophie* nous font un signe amical de la main.

La jeune femme qui nous sourit est Arlette de Pitray, la

petite-fille de la « pauvre Sophie », Sophie Rostopchine, comtesse de Ségur. Elle s'est trouvée chez des amis communs en même temps que Papa et ils ont sympathisé. Elle lui a dédicacé son livre, consacré à sa grand-mère, et paru juste avant la déclaration de guerre. La comtesse de Ségur chez Alexandre, grand-prince de Vladimir et saint de toutes les Russies, quel cadeau pour une première... Et le général Dourakine, vais-je le voir aussi ? Mais c'est dans la sombre forêt où nous venons de pénétrer que mon cœur chavire pour de bon quand, au-dessus du grouillement de la foule, de l'éclat des pierreries incrustées dans les mitres dorées, pareilles à des ruches à miel, du scintillement des gros cierges en cercle au bord des images saintes, du halo des lampes ardentes et des volutes des encens parfumés, monte, gonfle et déferle la lame de fond d'un orchestre de voix d'hommes qui, entre ciel et terre, espoir et malédiction, trace un incandescent trait d'union.

Je n'ai jamais rien entendu d'aussi beau depuis les chants grégoriens de l'abbaye de Solesmes où nous nous sommes rendus un jour en famille, mais, avec en plus, cette fois, le galop qui monte des steppes et l'explosion d'une foi naïve et sauvage.

Après le Salut, un grand mouvement se produit dans les travées. De partout fusent les « *Kristos Voskres* » (« Christ est ressuscité ! »), auxquels répondent les « *Voistine Voskres* » (« Il est vraiment ressuscité ! »). Les bras s'ouvrent et se referment, les visages se rapprochent, un petit homme qui ressemble à une pomme se jette sur mon père et lui colle un gros baiser sur la bouche.

Je suis horrifié à l'idée que cela pourrait être bientôt mon tour. Je ne veux vraiment pas, même pour faire plaisir au Christ de Papouchka. Je me fraie vite un chemin entre les clappements et les succions sacrées et me retrouve, à l'air libre, sur le parvis où Papa me cueille pour m'entraîner de l'autre côté de la rue, à « La Ville de Pétrograd », une boutique décatie où l'on se bat à coups de harengs gras, de kacha et de vetrouchka à la crème des mauvais jours pour respecter, vaille que vaille, la tradition pascale.

Je n'entrerai jamais plus dans une de nos églises, où le personnel de maison a été bien dressé à domestiquer le bon Dieu à coups de plumeau et de cantiques mollets, sans avoir une pensée pour la horde des basses d'or qui, au-delà des psaumes, m'ont fait entendre les battements de cœur d'un immense peuple.

9

Juif royaliste, antisémite et antinazi

Même à l'étoile jaune cousue sur le manteau ou l'imperméable, on s'est vite habitué.

Maman ne tient pas de salon mais son salon la tient. Vert amande et blanc, comme la maison de son enfance à Moscou, il se remplit deux ou trois fois par semaine — si ses migraines l'ont épargnée — d'amis et de relations qui débarquent, souvent sans prévenir, « à la russe » car ils connaissent les habitudes de la maison. Il y a régulièrement autour du thé au citron et des petits gâteaux deux ou trois — parfois davantage — porteurs de cette fameuse étoile dont je ne soupçonne pas encore quel avenir fatal elle représente pour eux.

Mme Laveine a la coquetterie de cacher la sienne sous un col de renard roux élimé qui, comme sa propriétaire, a connu des jours plus glorieux. Marguerite — c'est le prénom de cette Juive hongroise chez qui, cinq ans plus tôt, nous avons passé de merveilleuses vacances dans sa villa sur les rives de l'Attersee, près de Salzbourg — a été à Bayreuth dans ses belles années une Isolde comblée avant de devenir cette pauvre chose dont même la perruque acajou va de travers. Je découvrirai des années plus tard certains replis de sa vie, comme sa déroutante liaison avec le meilleur ami — et sans doute plus — de son second et jeune mari, Léon Laveine, un certain Marcel Jouhandeau qui n'avait pas été freiné par son goût pour les garçons ni son dégoût des Juifs, dans sa chevauchée wagnérienne.

La « Duchesse » (son sobriquet dans l'œuvre de Jouhandeau) est de fondation dans la bergerie où Maman recueille les agneaux égarés et les brebis amochées qui viennent tout naturellement à elle, comme le marin, dans les ténèbres, va vers le phare qui lance ses éclairs d'espoir. Elle traite l'ensemble de son monde sur un pied de rigoureuse égalité, dès lors qu'elle lui connaît « des malheurs ».

Il faudra ourdir une véritable conspiration pour qu'elle se débarrasse d'une de ses amies, évidemment « dans le malheur », qui, devant notre petit parterre d'étoiles jaunes, ne se prive jamais d'attribuer tous ses ennuis aux « Youpins ».

Dans le registre (« C'est la faute aux Juifs »), seul arrive à l'égaler le propre fils de la « Duchesse », André, qu'elle a eu avec son premier mari, un banquier juif anglais. André, qui en pince pour ma mère et est pour nous tous le plus fidèle des amis, est un drôle de citoyen. Alors que la nature lui a joué le tour de lui fabriquer une tête semblable aux pires caricatures à nez crochu de la Propaganda Staffel du Dr Goebbels, il saisit la moindre occasion pour se lancer dans des diatribes d'une violence inouïe contre les démocraties « judéo-maçonniques » et les « criminels » qui, de Wilson à Edvard Beneš, ont démoli l'ordre européen. Hitler et le nazisme ne sont pas davantage épargnés, seuls l'empereur François-Joseph et le prétendant au trône de France trouvant grâce aux yeux de ce Juif royaliste, antisémite et antinazi. Il ne fait, il est vrai, que poursuivre une tradition viennoise du tournant du siècle — dont il connaît l'histoire en détail —, quand la « haine de soi » faisait des ravages chez les intellectuels juifs et qu'on ne comptait plus les Autrichiens qui abjuraient le judaïsme. Il n'empêche que la bienveillance œcuménique de Maman me dépasse un peu, mais elle a son secret pour mettre fin à des échanges verbaux à la limite du supportable. Revêtue de sa longue robe préférée de soie rose pâle, elle se met au piano. Deux de ses anges gardiens l'y rejoignent subrepticement : Claude Debussy et Gabriel Fauré qui lui tiennent la main et l'aident affectueusement à déjouer les pièges de *La Cathédrale engloutie* ou des *Poissons d'or*, et d'échapper aux ruses de *La Fée aux chansons* ou aux chausse-trappes de *Mélisande Song*.

Alfred Cortot est son maître. Comme lui, il n'est pas rare qu'elle « accroche », mais c'est aussi délicieux et émouvant que le trébuchement de la femme qui se rattrape au bras de l'homme aimé.

Est-ce un effet de l'esprit de contradiction ou bien tout autre chose, en tout cas j'éprouve de plus en plus de sympathie envers les « bêtes noires » de notre ami André qui me paraissent plus artistes, sensibles et attachantes que la moyenne des gens « normaux », qui fréquentent notre maison ou que je retrouve à l'école. Ce n'est pas parce qu'ils souffrent, puisque j'ignore encore l'essentiel de leurs malheurs, mais parce qu'ils ont toujours un violon dans un placard ou un piano dans leur salon et qu'ils adorent les longues phrases bouclées et ondulantes qu'ils enveloppent dans leurs lourdes soieries saupoudrées d'or. J'aurai tout le temps, plus tard, de découvrir qu'il y a ni moins ni plus de canailles chez eux que parmi le reste de l'humanité.

En cette année 1941, j'ai comme voisin de pupitre Jean-Albert de Broglie. Celui-ci vit chez sa grand-mère, Hélène, ex-princesse Soutzo, et épouse de Paul Morand. « Bonne-Maman », que Jean-Albert vénère, vomit les Juifs. Un tic depuis longtemps à la mode en Roumanie où elle est née. Son petit-fils qui, comme beaucoup de bègues, n'arrête pas de parler, ne fait, lui, aucune différence entre les Juifs et les autres. Il ne voit d'ailleurs pas de différence entre qui que ce soit, pas même les officiers allemands qui fréquentent, avec la « crème » de la Collaboration, l'immense salon des Morand, dans leur rez-de-chaussée de l'avenue Charles-Floquet. Il se fiche de la politique dans les grandes largeurs, et ce à quoi il tient le plus au monde, c'est à sa « Bonne-Maman ». Laquelle pourrait tout aussi bien épouser Adolf Hitler ou Joseph Staline : à ses yeux, ce serait du pareil au même.

Bonne-Maman ferait tout de même une drôle de tête en découvrant dans la cour de Janson son cher petit-fils faisant rempart avec moi, face à deux ou trois asticoteurs, plus stupides que méchants, qui jettent des « Hou, le Juif ! », sur le même ton que le « Hou, la fille ! » de l'école maternelle, à David qui, pareil à un insecte tout bouclé, agite en avant ses petits poings et ses bras frêles dans un mouvement dérisoire de protection.

David est notre ami à tous les deux. Il ne se défend pas, ou bien mal, comme s'il savait de toute éternité que, s'il y en a un qui doit trinquer, ce sera toujours lui, en premier. Entre nous, nous nous échangeons Gide, Montherlant, Martin du Gard, et je profite de l'occasion pour lire *Lewis et Irène*. Un livre échauffant, plein de coucheries et de filles sensationnelles qui n'ont pas froid aux yeux.

Quelle chance Jean-Albert a d'avoir pour grand-père (même de la main gauche) un type aussi épatant qui déshabille les femmes en deux temps trois mouvements !

La première fois où David est venu goûter à la maison et que je l'ai présenté à Maman, il s'est passé quelque chose d'à peine perceptible qui m'a troublé, après coup, comme la présence à leurs côtés d'une ombre familière. Il m'a semblé lire dans le regard de ma mère, au-dessus du carafon d'orangeade qu'elle inclinait sur nos verres et du regard que lui retournait David, comme le signal d'une très lointaine reconnaissance.

Finalement, rien de bien anormal, car Israël nous touche d'assez près, et cela je ne l'ignore pas. Ma tante Irène, la jeune sœur de Maman, a épousé, à la veille de la guerre, un Juif d'une grande famille alliée aux Rheims et aux Rothschild. Tous deux sont partis habiter la Côte d'Azur, où ils semblent à l'abri. Ma mère a d'autre part une cousine germaine russe, Lydia, réfugiée depuis longtemps à Paris. Elle a épousé Albert, un Juif français d'origine ukrainienne, brillant polytechnicien, commandant de réserve, fervent patriote et, à présent, industriel prospère. En août 1944, le cousin Albert, le « bouillant Albert », comme nous l'appelons, trouvera refuge dans notre appartement, alors que son fils Claude, résistant, aura réussi à s'échapper du dernier convoi en partance vers les camps de la mort.

Pour revenir à cette année 1941, je ne crois pas qu'il y ait dans la chapelle de l'école Gerson dont, demi-pensionnaire, je suis un fidèle évasif, beaucoup de petits catholiques qui vivent, comme moi, entouré par autant de Juifs. Pourtant, j'ignore l'étendue du malheur des étoilés de David. Les voyant régulièrement à la maison, je me dis sans doute que rien de mal ne peut leur arriver. La compassion n'entre donc pas pour grand-chose dans l'attirance que cette étrange tribu, parée à mes yeux de tous les appas de la magie orientale, exerce sur moi.

A la rentrée suivante, David ne réapparut pas au lycée. Il n'y avait plus d'abonné à son numéro de téléphone. J'en conclus que David et ses parents avaient déménagé, songeant qu'il aurait tout de même pu me dire où il était parti.

10

Le voile se déchire

Depuis près de cinq mois, je guette la lettre qui fera enfin sortir des ténèbres mon grand-père naufragé. Que fait donc ce M. Valdine ? J'ai attendu de traverser la seconde moitié du XXe siècle pour me lancer à sa recherche. Je peux bien attendre encore un peu.

Non, mon sourcier moscovite ne m'a pas oublié.

*

Moscou, 12 mai 1993.

Cher Monsieur Millau,

Merci pour votre lettre obligeante et les 100 dollars. Je me dépêche de vous faire apprendre les résultats importants de mes recherches. J'ai reçu des Archives de la Sûreté d'Etat l'avis qu'à la direction des affaires intérieures de la région de Moscou, il y a le dossier Mazur [Masour étant l'orthographe française], N. P. 22982.

Selon les données, Mazur S.G., né à Mitau [aujourd'hui, Yelgava, Lettonie], a été reconnu coupable par la Commission extraordinaire de Moscou de la contravention aux décrets de l'industrie textile. Le 28 mai 1921, il a été visité par les miliciens qui ont produit la décision de la Commission extraordinaire pour les activités de contre-espionnage, sabotage et spéculation. Il a été condamné à deux années de travaux contraints, sans privation de liberté.

S.G. Mazur et sa femme [je cite le dossier], Polina Alekseevna Paramonova habitaient rue Piatniskaya, 27. S.G. Mazur travaillait depuis le 6 novembre 1918 en la qualité d'instructeur-chef de l'industrie du tricot de Moskommuna, l'organisation qui dirigeait le travail des entreprises coopératives du textile, région de Moscou. Dans la période précédente, il recevait un salaire de 25 000 à 28 000 roubles, et, à partir du 9 novembre 1918, 6 525 roubles.

S.G. Mazur exploitait dans la même durée un atelier de tricot, Klimentovsky 6, qui était à lui depuis 1915. Celui-ci a été confisqué tout entier et transmis à Moskoustprom (la direction de l'industrie textile à Moscou). S.G. Mazur a perdu les droits de son poste à Moskommuna et a été envoyé à Tcentrotextil.

Ensuite, à sa demande, il a quitté Tcentrotextil, et, malheureusement, je n'ai pas encore trouvé les documents sur un nouveau travail. Mais j'ai trouvé le 24 octobre 1924 la licence N.1238 accordée à Polina Alekseevna Paramonova et S.G. Mazur pour exploiter une « petite manufacture de vêtements tricotés », Piatniskaya oulitsa 54. Le personnel était 10 employés et le chiffre d'affaires, du 1er mars au 21 octobre 1924, 24 200 roubles.

C'est tout pour le moment ce que j'ai découvert. Je vais poursuivre les recherches au sujet de sa disparition en 1930 et la condamnation à Solovki.

J'ai eu une conversation téléphonique intéressante avec les archives de Riga, pour l'origine de la famille Mazur. Ils ont dit qu'ils ont besoin de trois ans de travail !

A la fin de cette année, un homme ami visitera Riga spécialement pour résoudre notre problème. Il essayera de s'accorder avec les archives qui, en général, demandent beaucoup d'argent mais sur place c'est différent.

Meilleures salutations, cher Monsieur Millau. Je fais l'optimum pour vous.

Anton S. Valdine.

PS. Il n'y a pas dans les archives le papier d'un divorce de votre grand-père ni de son mariage avec Polina Paramonova. A l'époque de l'union libre, on se passait de formalités pour vivre ensemble.

Je signale que le numéro de téléphone de votre grand-père était 5-92-3. Il a été mentionné pour la dernière fois dans le livre de référence des adresses en 1929.

*

Polina Alekseevna Paramonova... Une deuxième grand-mère... Une grand-mère de la main gauche... Pauvre Mémé Adrienne.

Comme j'ai été naïf, pendant toutes ces années, de ne pas essayer de comprendre pourquoi, bien avant la révolution d'Octobre, ma grand-mère avait embarqué ses enfants pour se retrouver à Nice, dans une villa de location. Son mari, il est vrai, l'avait accompagnée et pourvoyait largement aux besoins de sa petite famille qui menait grand train. Il se partageait entre Nice et Moscou où un associé assurait le suivi de ses affaires.

Vers 1906, quand la tribu Mazur y débarqua, la baie des Anges avait, en effet, un fort accent russe. La colonie qui avait commencé de s'y installer, au lendemain de la guerre de Crimée, comptait à l'époque plus de trois mille résidents permanents. L'engouement de la grande-duchesse Hélène Pavlovna pour les « cures » de bains de mer avait lancé Nice en tant que station d'été. Après Nicolas Gogol, Tchekhov en était devenu un habitué, avant que Lénine, à son tour, n'effectue un bref séjour dans la même « Pension Russe », rue Gounod.

Non seulement les Russes avaient, depuis 1860, leur église, rue de Longchamp, patronnée par l'impératrice douairière, mais s'en préparaient une seconde, à cinq coupoles, dans le style pétersbourgeois : la cathédrale Saint-Nicolas, édifiée dans le parc Bermond, propriété personnelle du tsar Nicolas II. La villa des Masour (pour l'état civil, c'est désormais ainsi que Mazur serait orthographié) se trouvait juste à côté, et Maman se souvenait parfaitement du grand chantier, achevé seulement en 1912. Tout cela n'expliquait pas pourquoi ma grand-mère avait quitté la Russie. J'ai cru comprendre que, effrayé par l'échec de la guerre russo-japonaise et les événements de 1905, quand Moscou, couvert de barricades et de tracts appelant à l'insurrection, voyait naître, comme à Saint-Pétersbourg, les premiers soviets d'ouvriers, mon grand-père avait tenu à mettre les siens à l'abri.

Une version flatteuse pour sa sagacité politique qui toutefois cadrait mal avec le naïf optimisme dont il fit preuve, dans les premiers jours de la révolution d'Octobre, se réjouissant, dans les lettres qu'il adressait en France, à sa femme et à ses enfants, de l'avènement d'un régime démocratique qui allait faire de la Russie une « nouvelle Amérique ». Puis, lorsque les bolcheviques commencèrent à imposer leur loi, il ne donna pas cher de leur peau et prédit leur disparition prochaine. Il devait donc exister une autre raison, qui n'avait rien à voir avec sa vision de l'avenir, à cette expatriation familiale.

Même si Papouchka trouva le moyen de donner à ma mère une petite sœur, Irène, lors d'un de ses passages en France, il prit peu à peu l'habitude de prolonger ses séjours à Moscou où, pendant ce temps, grandissait et prenait des formes de plus en plus gracieuses la fille de son associé, la jeune Polina Alekseevna Paramonova.

11

Grand-Père est mort deux fois

Paris, 20 septembre 1993.

Cher Monsieur Valdine,

Je vous remercie de votre précieuse lettre, dans laquelle vous énumérez les adresses successives de mon grand-père, Savely Masour (Mazur), de 1901 à 1929.

Lorsque son dossier sera plus complet, je me rendrai certainement à Moscou sur les lieux où ma mère et mes grands-parents ont habité. J'ai hâte, en particulier, de découvrir, s'il existe encore, l'immeuble de Klimentovsky n° 6, son dernier domicile avant sa disparition.

J'ai trouvé une rue Klimentovsky sur un plan de Moscou. Elle coupe l'avenue Piatniskaya juste derrière l'église du pape Saint-Clément, à quelque distance de la galerie Tretiakov et de Bolchaïa Ordynka, l'ancienne route de l'Orda, la Horde d'Or des Mongols, sur la Volga. Est-ce bien celle-là ?

Je suis en tout cas impressionné par la précision des archives soviétiques. Non seulement, vous m'indiquez l'étage (5e), mais aussi le numéro de téléphone. Est-ce à dire que tous les Moscovites étaient fichés à la police ?

Ce lieu compte beaucoup pour moi, sentimentalement. C'est de là que mon grand-père est parti, en 1929, pour assister à mon baptême, à Paris. Y est-il retourné avant d'être arrêté ?

A ce propos, j'ai toujours entendu dire par mon père et ma mère qu'ils avaient tout fait pour empêcher mon grand-père de repartir pour Moscou, d'où parvenaient des nouvelles de plus en plus alarmantes, depuis que Staline avait assuré son pouvoir, banni Trotski, éliminé ses concurrents et lancé la campagne de collectivisation des terres, en s'attaquant aux « koulaks ».

Mon grand-père avait répondu que, s'il faisait défection, il y avait à Moscou un otage qui serait fusillé. Mon père semblait persuadé qu'il s'agissait d'un de ses collaborateurs. Mais maintenant que vous m'avez révélé l'existence de sa maîtresse, Polina Paramonova, je me demande si « l'otage », ce n'était pas elle, et même s'il y avait jamais eu de véritable otage. Je doute que vous puissiez m'apporter une réponse, mais je tenais, malgré tout, à vous en parler.

J'ai été un peu surpris d'apprendre par vous l'existence, à la fin du XIXe *siècle, d'une artiste du Bolchoï, nommée Desery-Synyavskaya, au sein de la famille de ma grand-mère. Je n'en avais jamais entendu parler. Vous me proposez de pousser vos recherches sur cette personne. Pourquoi pas ?*

Toutefois, dans l'immédiat, il y a quelque chose de beaucoup plus important et difficile à éclaircir. Parmi les photos de famille et les papiers que j'ai récupérés à la mort de mon père, et, examinés trop superficiellement, je viens de retrouver deux documents de la plus haute importance, dont je vous adresse les photocopies.

Je me souviens, pour l'avoir entendu raconter par mon père, de ses innombrables démarches, dans les années 30, auprès du quai d'Orsay, de l'ambassade de France à Moscou et de la Croix-Rouge à Genève, dans l'espoir d'obtenir des informations sur le sort de son beau-père, citoyen soviétique mais marié à une Française de Moscou, de retour dans son pays, avec des enfants dont la nationalité française a été confirmée. Mon père nous avait dit, à cette occasion, qu'en route vers Paris, Savely Masour avait confié une importante somme d'argent à un diplomate en poste à Riga et qu'elle s'était volatilisée. Mon père était intervenu, en vain, auprès de son ministère pour la récupérer. Mais passons. Même les diplomates ont des faiblesses...

Le premier document, en date du 4 mai 1934, est adressé par le Comité international de la Croix-Rouge à M.P. Armand, consul de France, Ambassade de la République française en URSS :

« Cher Monsieur Armand,

« Dès réception de votre honorée du 29 mars, je n'ai pas manqué de faire tout mon possible pour recevoir des renseignements sur la mort de M. Savely Gregorievitch Masour, dont je connaissais déjà le cas, étant saisi en 1930 d'une demande d'enquête le concernant.

« J'ai le regret de vous dire que le prénommé est décédé mais j'ignore la date exacte de sa mort. Je suis seulement en mesure de vous informer que son décès est antérieur au mois de février 1931 et a eu lieu en prison. La communication officielle ne contenait pas d'autres précisions.

« Tout ce que j'ai pu savoir est que M. Masour a succombé à la suite d'une bagarre survenue entre prisonniers. »

J'attire votre attention, cher Monsieur Valdine, sur les deux points suivants . mon grand-père serait mort avant février 1931 et aurait été tué dans une prison, dont le nom n'est pas indiqué. Quant à la « bagarre entre prisonniers », n'était-ce pas, à l'époque, la formule souvent utilisée par la Tchéka ou le NKVD, après la liquidation sommaire d'un détenu ?

Le deuxième document est un acte de décès, n° 3749, du 4 juin 1932, émanant du Conseil administratif de la région Frouzenski, attestant que Sergueï Gregorievitch Mazur est mort le 31 juillet 1931 d'un « arrêt du cœur », à l'âge de 57 ans.

Ce dernier document contient de lourdes inexactitudes qui pourraient mettre en cause sa véracité :

1° la date du 31 juillet 1931 est en contradiction avec son décès « antérieur à février 1931 »,

2° le prénom de Sergueï qui lui est attribué n'est pas le sien,

3° en 1931, il ne pouvait avoir 57 ans. Son acte de mariage, dont je possède l'original, précise qu'il était né en 1866, ce qui donnait 65 ans en 1931. S'il était vraiment né en 1874, il serait entré à la Première Guilde des marchands de Moscou à l'âge de 15 ans, ce qui est, évidemment, une absurdité,

4° dans cet acte de décès, il n'est pas question de prison, ni de bagarre entre prisonniers,mais d'un « arrêt du cœur ». Il est rare, en effet, que la mort ne se manifeste pas par un arrêt du cœur...

En conclusion, le mystère demeure total sur les circonstances de sa mort ou de sa disparition. Il faut absolument essayer de retrouver une trace de son arrestation et de son procès, bien que, durant ces années, beaucoup de personnes arrêtées, m'a-t-on dit, n'ont jamais été traduites devant un tribunal mais exécutées, sans autre formalité, ou déportées au goulag.

Je vous remercie, néanmoins, de faire des recherches dans ce sens dans les archives du NKVD et vous prie de croire, cher Monsieur Valdine, à l'expression de mes sentiments reconnaissants.

Christian Millau.

12

Où est donc passé son dossier ?

Moscou, 12 mars 1994.

Cher Monsieur Millau,

J'ai le regret de vous communiquer que, concernant la poursuite criminelle contre S.G. Mazur, je n'ai pas de succès. Comme le montrent les documents joints des services de sécurité (MVD, NKVD, etc.), le département des affaires internes de Russie, les archives de Justice, il n'existe pas de dossier S.G. Mazur, après sa condamnation en 1921 à 2 ans de travaux.

Suivant mon expérience personnelle avec les services MVD et KGB, j'affirme que, dans la période présente, leur règle est de rien cacher pour la période 1920-1950. La disparition et la mort de votre grand-père est trouble mais, comme vous dites dans votre dernière lettre, il est vrai que beaucoup de prisonniers ont disparu sans trace.

Après 1922, le NKVD a déporté sans jugement près de la moitié des suspects à Solovki ou autre. Quand Lénine a annoncé l'amnistie, en 1920, pour l'anniversaire de la révolution d'Octobre, la section spéciale de la Tchéka de Moscou a tout de suite fusillé en masse dans la prison de Boutyrka. Même chose exactement avec la suppression de la peine de mort, annoncée dans le journal. Le lendemain, environ 300 détenus ont été fusillés à Moscou. D'ailleurs en mai de la même année, la peine de mort a été rétablie et Lénine a commandé l'application à tous les mencheviks, socialistes-révolutionnaires et bourgeois.

Après 1918 jusqu'à la mort de Staline en 1953, a fonctionné le système extra-judiciaire autorisant dans les prisons, la Tchéka, le NKVD, etc., l'exécution par balle dans la nuque ou aussi la déportation (à un tchékiste de Moscou, nommé Maga, ont été attribuées 11 000 exécutions).

Il est aussi possible que S.G. Mazur a été en prison et exécuté avant le jugement du tribunal. Je chercherai son nom dans les archives des prisons de Moscou (Loubianka, Boutyrka) et aussi de Polina Paramonova. A son propos, j'ai obtenu du GUVD de la région de Moscou le renseignement qu'elle était âgée de 32 ans en 1921 et qu'avec S.G. Mazur, ils étaient sans enfants. J'ai trouvé également qu'un certain Serge Alekseevich Paramonov, né en 1878, dans la province de Kalujdskaja (centre Russie), a travaillé avec S.G. Mazur à Moskommuna en 1919-1920. Il était sans doute le père de Polina et l'associé de votre grand-père, avant cette date.

J'espère avoir les nouvelles de Riga sur la famille Mazur mais il faut attendre encore.

Vôtre sincèrement,

Anton S. Valdine.

13

La vérité était pourtant au bout de mon nez

Moscou, 8 janvier 1995.

Cher Monsieur Millau,

Je peux enfin vous faire apprendre les renseignements du centre historique des archives de Lettonie, à Riga (fonds 1394, dossiers 3057, 3058, 3063, 3066), et construire l'arbre assez complet de votre respectée famille.

Tous les ancêtres de votre grand-père Savely Mazur ont été juifs et ont professé la foi judaïque.

*

Cette nouvelle, pour moi totalement inattendue m'est à la fois un motif de joie et de déception. Je vais devoir me faire à cette réalité : le Russe qui pendant toutes ces années a caboté en moi, et même un peu cabotiné, n'était que pur fantasme. Du vent sur la steppe...

Russe et Juif de Russie, ce n'est pas du tout la même chose. Le sang slave qui a irrigué mes rêveries vient de s'évaporer. Reste le décor, sur fond de forêt à loup, de troïka et de toque d'astrakan. J'y ai droit. Je le garde.

Mais alors, mon grand-père orthodoxe ? Et la messe de

mariage avec les couronnes tendues au-dessus de leurs deux têtes ? Et le mensonge familial qui a accompagné toute ma vie ? Qu'est-ce que tout cela signifie ?

Avant d'essayer de comprendre, je grimpe de branche en branche dans l'arbre inconnu, aussi mystérieux pour moi qu'une forêt vierge imaginée par le Douanier Rousseau.

Le premier Mazur, apparu, en 1835, sur le registre des familles juives de l'actuelle Lettonie, alors province de l'Empire russe, se prénommait Markus. Il a vu le jour à Goldingen (aujourd'hui, Kuldiga) et était le fils de Leah et David Mazur, né en 1797. Markus était tailleur, et son atelier se trouvait dans un faubourg de Riga, dit « de Moscou », où il s'était fixé au sein d'une communauté juive, particulièrement abondante. Il est mort en 1882. En 1837, il avait eu un fils, Hirsh (Grégoire ou, en russe Gregorievich), qui, après des études dans une école de commerce, a vécu à Mitau (Yelgava) avec sa femme Myriam, où, pendant une trentaine d'années, il a été le chef comptable de la première firme textile de cette ville très prospère. Ils ont eu deux filles, Elisabeth (Etta) et Pauline et six fils, Maxime, David, Alexandre, Henri, Louis et Samuel, l'aîné. Samuel, c'est-à-dire Savely, en russe...

Comment ai-je été assez stupide pour ignorer, jusqu'à ce jour, que mon grand-père se prénommait Samuel ? La vérité était au bout de mon nez, et non seulement je n'ai rien vu, mais il ne s'est trouvé personne pour me la donner à voir, même involontairement ! Je n'arrive pas à y croire.

L'arbre du bon M. Valdine n'est pas bavard. De Malka en Rachel, de Zuzel en Lazar, de Rahil en Mira, de Shalit en Ghrinshtejn, et de Finkelshtejn en Taube, il en dit toutefois suffisamment pour éveiller l'attention du plus abruti des fonctionnaires du IIIe Reich, qui l'aurait eu, un quart de seconde, sous les yeux.

A présent, plus d'un demi-siècle après les années noires de l'Occupation, je commence à deviner les raisons de la conspiration du silence, patiemment tissée par ma mère, mon père, mes oncles, et qui nous a protégés. Bien qu'aux yeux de la loi nazie, dans sa version française, ma mère devait échapper en principe aux persécutions, n'étant pas elle-même de mère juive, il n'aurait pas été prudent de sa part de laisser ses enfants se répandre en propos risqués sur leur grand-père juif. La suite a prouvé que les Allemands ne faisaient pas toujours le détail. Chez eux, les demi-Juifs et même les quarts de Juifs ont rempli les camps de la mort.

Quand, avec la fin de la guerre, tout danger a été écarté, la vérité aurait pu être dite. Il n'y avait rien de honteux à la révéler, bien au contraire. Oui, mais à quoi bon remuer le passé ? Les secrets de famille ont la peau dure, et les aînés ne sont jamais pressés de les tirer hors de leur tanière. Maintenant, il me faut en apprendre davantage. Ceux qui savaient ou auraient dû savoir ne peuvent être tous morts. Nous nous sommes éloignés les uns des autres, sans raison particulière. Il suffit de mettre en route la machine à remonter le temps et à démonter les mystères.

14

Un orthodoxe pas très catholique

« Tu ne savais donc pas que les Masour étaient juifs ? C'est incroyable ! »

Serge et Claude n'en reviennent pas. Voilà des années que nous ne nous sommes vus, mais l'amitié est intacte, et les retrouvailles s'opèrent le plus naturellement du monde.

Cousin Albert, qu'en août 1944 nous tirions par les basques, à notre balcon de la rue de la Tour, pour l'empêcher de trop exposer son profil, leur père, est mort. Et aussi, Lydia, leur mère, une imposante montagne de tendresse, l'épouse sans doute la plus vénérée que j'aie jamais rencontrée. Nous avions même du mal à ne pas rire sous cape quand Albert, les yeux énamourés, prenait les mains de Lydia dans les siennes et se tournait vers nous, en s'extasiant : « N'est-ce pas qu'elle est belle ? N'est-ce pas qu'elle est merveilleuse ? » Alors, mi-goguenarde, mi-roucoulante, elle répondait : « Arrête, Albert... Arrête... »

Il était tellement transparent que, même moi, je ne pouvais ignorer qu'il était juif. Quand il avait fait la connaissance, juste avant 1914, de Lydia et de Genia, les deux cousines germaines de ma mère, arrivées d'Odessa pour suivre leurs études à Paris, il était encore un jeune et bel officier, frais émoulu de Polytechnique. Nommé, après la guerre, à la direction de l'usine à gaz de Clichy, il avait par la suite fait fortune en créant une grande entreprise de teinture de fourrure.

Remarquablement intelligente et, de surcroît, pleine de bon sens, Lydia, pressentant dès 1933 le danger nazi, avait insisté pour que la majorité des actions de l'affaire passât entre les mains des « aryens » de la famille, en l'occurrence deux beaux-frères catholiques qui mirent ainsi l'entreprise à l'abri.

Cela, je l'ai toujours su. En revanche, je n'ai jamais imaginé que la cousine Lydia aurait pu ne pas être une « bonne petite chrétienne », à l'exemple de Maman.

Comme à tous les enfants, la famille, dans son ensemble, me paraissait une jungle inextricable, aux liens si compliqués qu'il valait mieux ne pas chercher à comprendre. Il m'était amplement suffisant de savoir que Lydia était une cousine russe de maman, pour m'éviter la corvée d'en demander plus. De même ai-je toujours ignoré ce que Serge et Claude viennent de me révéler : à savoir que c'est grâce, en partie, à ma mère que la leur n'a pas été inquiétée par les Allemands. Maman a fourni, en effet, une attestation selon laquelle sa cousine était née, comme elle-même, dans la religion orthodoxe.

Avec une mère française catholique, un père russe orthodoxe et un certificat de baptême, ma mère était en règle, même si l'orthodoxie de son père n'était pas très catholique, mais cela, il n'était pas besoin de le clamer sur les toits.

Cousine Lydia était dans une situation autrement dangereuse, avec une mère juive, née Chatila, et un père juif, Maxime Mazur, qui, à l'inverse de son frère, mon Grand-Père Savely, n'avait pas abjuré sa foi.

*

Il me reste à comprendre pourquoi mon grand-père, rejeton d'une lignée d'ancêtres cent pour cent juifs, a subitement sauté le pas et renié ses origines. J'imagine mal ma grand-mère le suppliant, à la veille de leur mariage, d'épouser la foi chrétienne, faute de quoi leur union n'aurait pas été célébrée. Je ne l'ai jamais vue sous les traits d'une catholique de choc mais plutôt sous ceux d'une bonne personne qui, le dimanche, va à la messe de 11 heures, avant de faire un tour chez le pâtissier.

Quant à mon grand-père, je l'imagine mal dans la peau d'un bienheureux prédécesseur d'un Mgr Lustiger. Il devait donc y avoir une autre raison à sa conversion, événement qui ne devait pas être courant à cette époque.

Sur ce dernier point, je me trompe et m'en avise en plongeant dans la lecture de divers ouvrages, dont l'Encyclopédie juive, que je vais feuilleter au Musée d'art et d'histoire du judaïsme, rue du Temple.

En fait, dans la Russie d'Alexandre III et, bientôt, celle de Nicolas II, la conversion d'un Juif n'est pas, en soi, chose extraordinaire. Quand elle se produit aussi dans la Prusse de la fin du XVIIIe siècle, où s'est déclenchée une véritable épidémie de conversions de Juifs au christianisme, c'est rarement en direction de l'Eglise catholique, plus souvent vers la religion luthérienne, et, en règle générale, pour se fondre dans la masse dominante des croyants orthodoxes où s'incarne, en outre, le pouvoir impérial.

Depuis le début du XIXe siècle, il s'est trouvé un nombre relativement important de Juifs baptisés à occuper des postes élevés au service de l'Etat, par exemple le comte Nesselrod, chef de la diplomatie impériale, Maximilien Heine, frère du poète et lui-même conseiller d'Etat, et bien d'autres ayant le grade ou la fonction de général, de sénateur ou de chef de la police. Même parmi les membres de la « noblesse héréditaire » se comptèrent des dizaines et des dizaines de Juifs convertis.

Dans la famille de Vladimir Oulianov, dit « Lénine »,

qui avait accédé à la noblesse héréditaire, son grand-père maternel, Alexandre Dimitrievich Blank, était le fils d'un marchand juif de Jitomir, avant de se convertir et de voir s'ouvrir toutes les portes à sa soif d'ascension sociale. En Allemagne, le propre père de Karl Marx n'avait-il pas, en 1817, donné l'exemple ?

Tous les interdits dont souffre le Juif russe tombent à l'instant même où il reçoit le baptême. En reniant sa foi, il passe de l'autre côté du miroir, à l'image de l'homme lige du Moyen Age qui vient de faire son serment d'allégeance. Dans le même temps, il devient le plus souvent un traître, un paria, aux yeux de ses congénères.

Dans l'immédiat, je m'efforce d'enrichir mes connaissances toutes fraîches et toujours dans l'espoir de comprendre la démarche de ce grand-père de vingt-huit ans qui s'apprête à épouser une petite Française catholique de vingt-deux ans, je me familiarise avec l'histoire de la Russie juive. Pour un fils de Juifs de Lettonie, il s'est, jusqu'à présent, pas mal débrouillé. Il a fait de bonnes études à Riga, puis son service militaire — contrairement à nombre de ses coreligionnaires « insoumis » —, et, grâce à son talent personnel, il a réussi à être admis, bien que juif, à la Première Guilde des marchands de Riga, dans cette province balte qui, avec la Biélorussie et la Pologne russe, a été décrétée, à la fin du XVIIIe siècle, « zone de résidence », autrement dit une sorte d'immense ghetto où les Juifs pouvaient vaquer à leur guise mais d'où, en principe, ils ne devaient pas sortir, avec l'idée de s'établir ailleurs dans l'empire.

A cette règle, il y avait de nombreuses entorses légales, comme celle, par exemple, autorisée par un décret impérial de 1790, qui permettait à un commerçant juif de s'installer à Moscou pour une période limitée.

La Russie, pendant une bonne partie du XIXe siècle, a « contenu » le peuple d'Israël, sans pour autant l'opprimer, contrairement à une opinion largement répandue.

Vers 1835, au moment où naissait Hirsh Mazur, le père de Savely, Alexandre Ier s'employait même à favoriser la participation des Juifs à l'essor industriel, en particulier dans le secteur des textiles. De 2 350 000 en 1850 (Pologne incluse), la communauté juive va passer en 1880 à près de 4 millions (contre 115 000 en France et 200 000 en Grande-Bretagne).

Cette année-là, la politique de « russification » bat son plein, et la plupart des Juifs jouent loyalement le jeu du « patriotisme russe » dont, objectivement, ils tirent un maximum d'avantages. Le ministre de l'Intérieur s'apprête même à présenter au tsar, qui y est favorable, un oukase décrétant l'égalité des droits. Il ne devrait plus y avoir de « Juifs en Russie » mais des Russes juifs, comme d'autres sont orthodoxes, catholiques, luthériens, ou Dieu sait quoi encore.

Le 1er mars 1881, la foudre s'abat sur l'empire.

Alexandre II est assassiné par des militants du mouvement révolutionnaire populiste « La Volonté du peuple ». Les Juifs étant tenus à tort pour responsables de cet attentat, des pogroms éclatent à Odessa et à Kiev. Pourtant, la police du nouveau tsar, Alexandre III, met un frein aux tentatives de violence envers les Juifs. « On les roue de coups, on les pille, on les vole, dit un témoin de l'époque, mais on ne les tue pas. »

Il n'empêche que, pour les Juifs, les beaux jours sont derrière eux. La fusion n'est plus d'actualité. Leur succès même commence à se retourner contre eux et à aviver les jalousies, ce qui menace de se produire exactement de la même façon à Vienne où les Juifs ont magistralement investi de grands pans de la vie économique. Dès que se produit une crise ou quelque incident majeur, aussitôt on se retourne contre ce bon vieux bouc émissaire de Juif. Quand, en 1889, le jeune Savely Mazur débarque à Moscou et fait transférer son inscription à la Première Guilde des marchands, le pouvoir donne ses premiers tours de vis. Le nouveau gouverneur général, le grand-duc Serge Alexandrovitch, antisémite déclaré, fait expulser de la ville vingt mille artisans. C'est le moment où les Rothschild refusent de soutenir et de vendre les emprunts russes à l'étranger et où l'on fait appel au pape pour exercer une pression sur Alexandre III. Une fois encore, on aboutit à un effet inverse. L'horizon des Juifs s'obscurcit de jour en jour.

Quand mon grand-père décide de rallier l'Eglise orthodoxe en 1894, on ne veut plus enregistrer de Juifs à la Première Guide des marchands de Moscou. Des familles entières sont expulsées de Yalta, et il est fortement question de chasser tous ceux qui se sont installés illégalement hors de la « zone de résidence ». Mon grand-père a de la fortune, une bonne place dans la société et, pour le moment, pas grand-chose à craindre, protégé qu'il est par sa position à la Guilde des marchands. Mais, jeune et ambitieux comme il l'est, il est normal qu'il veuille encore progresser et, peut-être même, devenir l'égal de ces nouveaux millionnaires qu'il croise, dans ses affaires ou chez des amis.

Alors, quand se présente l'occasion d'un mariage avec une charmante demoiselle catholique que l'on peut épouser sans la moindre difficulté dans une Eglise orthodoxe, pourquoi ne pas en profiter pour changer de religion ?

15

Quatre-vingt-cinq ans en acier trempé

Une nouvelle fois, mes cousins Serge et Claude, au cours de l'hiver 1998, me prennent au dépourvu : « Sais-tu que tu as une nombreuse famille aux Etats-Unis ? »

Je me souviens seulement de la visite, en 1936 ou 1937, d'un certain Eugène qui était un cousin de ma mère. Il parlait avec un fort accent russe et terminait ses études de médecine, à Montpellier ou à Toulouse. Il a donné à Maman un bracelet que Papouchka lui avait confié à son intention, lors de son passage par Riga, une dizaine d'années plus tôt. Eugène s'était pointé à nouveau, quelques mois après la Libération, mais cette fois en uniforme de major de l'US Army. Après cette visite, nous n'avons plus entendu parler de lui.

Ce n'est pas de lui dont Serge et Claude veulent m'entretenir. Ils pensent d'ailleurs qu'il est mort. En revanche, ils ont reçu à Paris, il y a plusieurs années, la visite de deux cousines avec lesquelles, depuis, ils échangent assez régulièrement des nouvelles : toutes deux sont, paraît-il, inséparables et habitent New York.

L'une s'appelle Irena. Elle doit avoir dans les soixante-quinze ans. Elle était architecte à Moscou, qu'elle a réussi à quitter, avec ses deux filles, à la fin des années 1970, quand les Juifs ont commencé à pouvoir acheter leur liberté.

L'autre est Adèle. Elle a plus de quatre-vingt-cinq ans, doit dépasser à peine le mètre cinquante-cinq et les trente-huit kilos. Mais qu'on ne s'avise pas de souffler sur cette « plume ». Elle ne s'envolera pas. Adèle est en acier trempé. Après le massacre de sa famille à Riga par les nazis, elle a traversé toute la guerre, baladée d'un camp de concentration à l'autre, avant d'échouer à Bergen-Belsen d'où elle a été libérée par les Anglais en 1945. Elle est partie se soigner en Suède avant d'aller s'offrir une nouvelle vie aux Etats-Unis.

Quand Steven Spielberg, au moment du tournage de *La Liste de Schindler*, a créé la « Fondation des survivants de la Shoah » et enregistré des dizaines de témoignages, Adèle a parlé pendant quatre heures d'affilée, face à sa caméra.

J'envoie à chacune de mes cousines inattendues une longue lettre.

16

Le tsar se méfiait de ces Juifs de Courlande

*New York, 4 avril 1998 *.*

Cher Christian,

C'est avec beaucoup d'excitation qu'Adèle et moi avons lu vos lettres. Que de temps perdu et d'occasions manquées ! Et aussi que de choses à se raconter sur notre famille, disparue dans le malheur des guerres et l'horreur des persécutions. Les nazis d'un côté et les bolcheviques de l'autre ont écrit l'histoire des Mazur, parmi bien d'autres histoires, tout aussi mouvementées et cruelles, sinon davantage, mais comme c'est la nôtre et que nous sommes encore vivants pour la partager, profitons-en.

Je suis donc Irena (Ira) Peysicova. Ma grand-mère, Pauline, était la fille d'Hirsh Mazur, et donc, la sœur de votre Grand-Père Savely.

Adèle vous dira certainement beaucoup plus de choses que moi qui ai passé la majeure partie de ma vie en Union soviétique. Mais avec ses précieux renseignements et aussi le journal qu'a laissé son frère, Eugène, j'ai pu reconstituer,

* Toutes les lettres de mes cousines sont traduites de l'anglais.

après un long travail, notre arbre généalogique que je suis heureuse de vous envoyer.

Je n'ai pas eu de mal à le dessiner car le dessin a toujours été mon métier et, encore aujourd'hui, je donne des cours gratuits aux enfants de mon quartier.

Au début de la guerre de 1914, Hirsh (en russe, Gregorievich) vivait encore en Courlande, dans la belle et prospère ville-capitale de Mitau. Comme tous les Juifs de cette province, il était de culture allemande. L'allemand était sa langue naturelle, qu'il parlait dans sa forme la plus pure, et d'ailleurs, même le yiddish, pratiqué dans cette province, était beaucoup plus proche de l'allemand que celui qui avait cours en Russie.

Vous n'êtes peut-être pas très familiarisé avec l'histoire de la Courlande. Elle est affreusement compliquée et il faut avoir de bonnes raisons pour s'y intéresser. Comme c'est aussi, un peu, celle des Mazur, je ne doute pas que vous fassiez cet effort !

Pour dire l'essentiel, le pays des Kurs ou des Coures, une tribu indo-européenne de la Baltique qui parlait une forme archaïque du letton, avait été conquis par les Vikings, puis, au XIIe *siècle, par les moines germaniques, et les paysans sont demeurés longtemps les serfs des seigneurs allemands, propriétaires de la terre.*

Bien que par la suite la Courlande soit tombée aux mains des Danois, des chevaliers Porte-Glaive et des chevaliers Teutoniques, sortes de croisés à la tunique brodée d'une croix noire, des Polono-Lituaniens, aux XVIe *et* XVIIe *siècles, des Suédois, d'un duc allemand qui fit de la Courlande une puissance maritime et coloniale (avec l'occupation de l'embouchure de la Gambie et, en Amérique du Sud, de l'île de Tobago), et, enfin, au moment du premier partage de la Pologne, sous le contrôle de la Russie de Pierre le Grand qui a laissé se créer un grand-duché de Courlande, fantoche et aux ordres de Saint-Pétersbourg, avant l'annexion défini-*

tive par la Grande Catherine en 1795... Oui, malgré toutes ces péripéties, l'empreinte allemande ne s'est jamais effacée.

Au milieu du XIX*e siècle, en dépit des efforts du gouvernement tsariste pour les russifier, les Juifs des provinces baltes qui avaient envie de pousser leurs études regardaient d'abord en direction de Berlin, foyer de civilisation et de culture, et, plus rarement, du côté de Saint-Pétersbourg ou de Moscou.*

Hirsch Mazur était né dans une famille trop modeste de la bourgade de Goldingen (aujourd'hui, Kuldiga, une des premières destinations touristiques de Lettonie !) pour aller étudier en Allemagne, mais il a reçu, néanmoins, une excellente éducation, à la mesure de son intelligence qui, paraît-il, était grande. Cela a été pour lui et sa famille une véritable promotion de pouvoir s'installer à Mitau, une ville riche et encore brillante, avec son immense palais où s'était réfugié votre futur roi de France, Louis XVIII, à l'époque de Napoléon, et sa fameuse Académie Petrina, considérée comme l'une des plus prestigieuses écoles d'Europe.

En tout cas, Hirsh Mazur était un homme impressionnant, comme le montre la photo dont j'ai fait une copie pour vous. Il était également réputé pour sa rigueur morale et son intransigeante honnêteté. Cette petite anecdote, rapportée par Eugène, le frère d'Adèle, le confirme.

Un tailleur avait livré, la veille du sabbat, un vêtement commandé par Hirsh. Quand de retour de son bureau, celui-ci a appris que la commande n'avait pas été réglée sur-le-champ, aussitôt il sauta dans une voiture à cheval et se précipita chez le tailleur, afin qu'il soit payé avant le coucher du soleil.

Lui-même, comme alors toute sa famille, était profondément religieux, mais, à l'exemple de beaucoup de Juifs de Courlande, occupant une certaine position, il avait des idées modernes. Par exemple, il ne portait pas de yarmulke, ou très rarement, et son allure extérieure était celle d'un Occidental.

Le gouvernement russe, depuis qu'avait éclaté, en 1914, la guerre avec l'Allemagne, se méfiait de ces Juifs de Courlande qui s'exprimaient dans la langue de l'ennemi. Il les considérait comme des traîtres en puissance et de possibles révolutionnaires, acquis aux idées nouvelles. Il fut donc décidé de les transférer le plus loin possible des frontières avec la Prusse.

En 1915, Hirsh, qui venait de perdre sa femme Myriam, fut expédié en Biélorussie, à Koslow, un centre d'industries textiles. Sa fille Pauline avec son mari Konrad Zinaburg, lui aussi dans le textile, et leurs enfants, l'accompagnaient. Hirsh est mort quand a éclaté la guerre civile entre les Rouges et les Blancs. Pour échapper à un pogrom particulièrement violent, lancé par les troupes cosaques loyalistes, Pauline et les siens se sont réfugiés dans la forêt d'où ils sont sortis au bout de quelques jours. Ils sont allés ensuite s'installer à Riga. L'un de leurs deux fils, David, mon futur père, est parti pour Moscou où il a épousé ma future mère, Yelena, une Russe d'une grande beauté, dont il était tombé follement amoureux.

Votre Grand-Père Savely, après la Révolution, a initié mon père, son neveu, aux techniques de fabrication du textile et l'a pris avec lui dans ses ateliers. Ils étaient très proches l'un de l'autre. Il venait souvent chez mes parents, et je me rappelle très bien nos visites à sa maison de la rue Piatniskaya où il nous accueillait avec Polina Alekseevna, que j'ai longtemps prise pour votre grand-mère, avant de découvrir qu'elle était sa maîtresse. C'était, en tout cas, une jeune femme charmante qui nous couvrait de bonbons.

Quant à lui, je m'en souviens comme d'un homme qui avait grande allure, avec son nœud papillon et ses costumes impeccables, malgré les difficultés de l'époque, et aussi quelqu'un de très enjoué et d'amical. Il avait fait un voyage en France d'où il nous avait rapporté de délicieux chocolats et une grande bouteille de parfum pour Maman. J'ignore pour quelle raison mon père et Oncle Savely ont été arrêtés en

1930 et enfermés à la prison de Boutyrka. Je me rappelle parfaitement les visites de maman à la prison pour leur apporter des vêtements chauds et des provisions. J'avais un peu plus de neuf ans.

Au bout de trois mois, mon père a été libéré mais pas Oncle Savely.

C'est à ce moment-là qu'on a dit, dans la famille, qu'il avait été déporté aux îles Solovki, sur la mer Blanche. A cette époque, on aurait dit l'« Enfer », cela aurait été la même chose. Tout ce que l'on savait des Solovki, c'était qu'on avait peu de chance d'en revenir.

En 1938, papa a été arrêté une seconde fois. C'était l'époque des « grandes purges » ordonnées par Staline. Il a été condamné pour « espionnage ». C'est à ce moment-là que Maman, en traversant la rue, a été renversée par une voiture et est morte de la suite de ses blessures. Je voulais tout tenter pour sauver mon père. Je suis allée me poster à la porte du Kremlin par où entrait et sortait le terrible procureur général Vichinsky. Après plusieurs tentatives, j'ai eu la chance de l'apercevoir. Je me suis précipitée au-devant de sa voiture, qui a aussitôt freiné.

A cause, sans doute, de mon jeune âge, je n'ai pas été jetée à la rue, et, au contraire, le procureur Vinchinsky, qui faisait trembler les « ennemis du peuple », a bien voulu m'écouter quelques instants et m'accorder un rendez-vous pour le lendemain. Il a fait venir le dossier de Papa et, après l'avoir consulté, a vu qu'il était vide. Mon père n'a pas été libéré de suite mais a pu s'en tirer vivant, pour mourir, il est vrai, quelque temps après, à l'âge de 46 ans.

Mon unique frère, Daniel, est mort sous l'uniforme de l'Armée rouge, aux premiers jours de la guerre. Il avait 19 ans.

Il ne restait plus rien de mon heureuse famille quand, après des études d'architecture, j'ai épousé Lazare Peysikov, professeur de persan à l'université de Moscou. Je l'ai suivi à Téhéran où il a occupé un poste à l'ambassade et, après sa mort, j'ai réussi à obtenir en 1978, après une longue attente, un visa pour les Etats-Unis, avec mes deux filles jumelles, Yelena et Natasha.

La vie ne m'avait pas beaucoup épargnée jusque-là, mais elle devenait vraiment trop dure, avec cette montée, en Union soviétique, de l'antisémitisme, plus palpable chaque jour.

Cher Christian, nous allons nous voir, bien sûr. Et même très bientôt !

Quand j'ai quitté l'URSS avec les filles, nous nous sommes retrouvées à Rome. Je ne sais pas si vous pouvez imaginer l'explosion de bonheur qui a pu faire fondre le cœur de trois Soviétiques, tombées du ciel dans la cohue des rues de Rome, pleines de bruit, de joie et de soleil. C'était le paradis au bout d'un long hiver noir. Nous y sommes retournées, et Natasha ne cesse d'en rêver.

Nous avons l'intention d'y aller dans quelque temps, en y emmenant notre chère Adèle, qui est folle de voyages. Vous n'êtes pas bien loin de l'Italie. Vous pourriez, votre femme et vous, nous y rejoindre.

Votre Ira.

17

Donnez vos clés à Staline, plutôt que vos têtes à Hitler !

Jackson Heights, 20 avril 1998.

Cher Christian,

Permettez-moi de me présenter.

Je suis un membre de la famille Mazur, branche de Riga. Mon nom est Adèle Honigwill, née Revitch. J'ai 86 ans. Ma mère Elisabeth (Etta) était l'une des huit enfants de Hirsh Mazur et donc la sœur de votre Grand-Père Savely.

L'homme qui vous a rendu visite à Paris, avant et juste après la guerre, était mon frère aîné, Eugène Revitch, mort il y a deux ans. Il avait étudié la médecine en France, après avoir fait son service militaire en Lettonie qui, à cette époque, était un pays indépendant. Il s'est installé en 1938 aux Etats-Unis, où ma famille paternelle s'était réfugiée, et y est devenu un psychiatre réputé. Volontaire dans l'armée américaine, en 1942, il devait prendre un bateau à destination du front du Pacifique quand un ennui de santé l'en a empêché. Le transport de troupes, auquel il avait été affecté, a été torpillé et il y a eu très peu de survivants.

Sa fille Judith est professeur de sociologie au Barnard College, et les trois enfants de Judith sont sortis de l'université de Princeton.

Depuis que se sont terminées mes années d'esclavage et que je suis devenue une personne libre, l'histoire de notre famille n'a pas cessé de m'intéresser et j'ai pris des notes dont je serais heureuse de vous faire profiter.

Pour cette fois, je vais vous parler de mes parents et de mes années de guerre.

Ma mère est née à Mitau, où elle a vécu auprès de son père, Hirsh Mazur, jusqu'à son mariage. Elle a eu quatre enfants. Au moment de la Première Guerre mondiale et de l'invasion de la Courlande par les troupes du Kaiser, la famille, par ordre du gouvernement tsariste, a dû partir dans les 24 heures pour la Russie, d'abord à Vitebsk, puis à Kharkov, en Ukraine. En 1920, nous avons pu retourner à Riga. Le voyage a duré trois semaines, dans des wagons à bestiaux. Les enfants se sont beaucoup amusés.

A Riga, mon père a ouvert un commerce de laine en gros et nous avons eu une vie très agréable. Nous étions dans les meilleures écoles, suivions des cours de musique et apprenions des langues étrangères (dans ces années d'indépendance de la Lettonie, il nous fallait apprendre le letton, alors que nous parlions surtout le russe, l'allemand, le yiddish et un peu le français).

Tandis que mon frère Eugène faisait sa médecine en France, mon autre frère, Kolya, diplômé de l'université de Riga, devenait chimiste. Puis, la Seconde Guerre mondiale a éclaté.

La Lettonie avait, alors, un président « autoritaire », Karlis Ulmanis, le « Guide de la Nation », qui n'était pas un démocrate mais pas non plus un dictateur comme Hitler ni un antisémite. Nous avions nos écoles, nos journaux, le commerce était majoritairement juif, et beaucoup de réfugiés nous arrivaient d'Allemagne et d'Autriche.

En juin 1940, suite au pacte germano-soviétique, l'Armée rouge est entrée dans la capitale lettone. La communauté juive qui, avec environ 30 000 personnes, représentait plus de 10 % de la population, a poussé un grand soupir de sou-

lagement, bien qu'elle n'ait pas conservé un très bon souvenir de l'arrivée des Rouges en 1917 et 1919, qui s'étaient livrés à toutes sortes d'exactions, mais ni plus ni moins, d'ailleurs, que les Blancs. Elle était toutefois persuadée que les Soviétiques allaient la protéger des nazis.

« Il vaut mieux que vous donniez les clés de vos boutiques à Staline que vos têtes à Hitler », a dit alors un commissaire du peuple à des commerçants juifs.

Beaucoup ont donné leurs clés, et Staline leur a pris leur tête. Pendant l'occupation par les Soviétiques, jusqu'à l'invasion de l'URSS par Hitler, en juin 1941, le NKVD a déporté en Sibérie 14 000 habitants de la Lettonie, dont 5 000 Juifs, notamment les figures les plus éminentes de la vie religieuse et du monde politique.

Beaucoup de Lettons, et pas seulement les profascistes, ont donc vu repartir sans déplaisir l'Armée rouge et n'ont pas hésité, quelques jours plus tard, à accueillir les Allemands en libérateurs. Et à leur jeter des fleurs.

Sauf, évidemment, les Juifs, pris entre deux feux, mais dont un bon nombre préféraient encore soutenir les Russes, qui luttaient à présent pour la défense de la mère patrie. Cela a été le cas de mon frère Kolya.

Kolya a marché à pied des jours et des jours pour rejoindre l'URSS, où il s'est engagé dans la Division lettone, qui combattait au sein de l'Armée rouge. Il s'est fait tuer sur le front, pendant le siège de Leningrad.

Mon troisième frère, Max, pharmacien en Lettonie, a été exécuté par la Milice lettone, qui s'est déchaînée avec l'arrivée des nazis.

Moi-même, j'avais dû arrêter mon doctorat en sciences naturelles, à l'université de Riga, pour seconder mon père dans son affaire, que les Soviétiques, en 1940, avaient nationalisée tout en nous laissant en place, car ils avaient besoin de notre expérience.

Là-dessus, Hitler a envahi la Russie et, pour les Juifs, la guerre a vraiment commencé ce jour-là. Une semaine après l'arrivée des Allemands à Riga, les Miliciens sont venus chercher mon père, à la maison. Nous ne l'avons plus jamais revu. Au tout début de juillet 1941, les Allemands ont incendié la majorité des synagogues de Riga, en poussant dans les flammes des familles entières. Plus de 300 Juifs, arrivés de Lituanie, qui s'étaient réfugiés dans les sous-sols de la grande synagogue de la rue Gogola, considérée comme l'une des plus belles de Riga, ont été brûlés vifs, après avoir été arrosés d'essence. Puis cela a été au tour des bâtiments du Vieux Cimetière juif, où vivaient une cinquantaine de personnes.

Il ne s'agissait pas d'actes spontanés mais de l'exécution d'un plan mis au point par le SS Brigadeführer Stahleker, sur les ordres de Berlin. C'était un détachement spécial, dirigé par un ancien officier de la police lettone, Viktors Arajs, qui s'est chargé du travail. A la fin août, ma mère, mon oncle Alexandre, sa femme Sarah et moi-même avons dû regagner le Grand Ghetto de Riga, où nous fûmes bientôt près de 30 000, à vivre dans l'angoisse et l'espoir.

Le ghetto était entouré de barbelés et ses portes gardées par des Miliciens lettons. Ceux qui avaient la permission, comme moi, de sortir dans la journée pour aller travailler à l'extérieur, étaient, au retour, fouillés de près. Si l'on trouvait sur vous de la nourriture ou de l'argent, vous étiez férocement battu.

Ma mère restait à la maison, pendant que je travaillais dans les cuisines d'un commissariat letton. Ce n'étaient pas des Miliciens mais des agents de police. Ils n'étaient pas méchants. Dans les derniers jours de novembre 1941, la plupart des habitants du ghetto, dont ma mère et moi-même, ont été chassés de leurs logements. On nous a enfermés à la prison centrale de Riga. Au bout d'une semaine, des officiers allemands sont arrivés et ont fait le tri des prisonniers. Ils demandaient l'âge, la profession, etc. Maman, ma tante et mon oncle ont été poussés d'un côté, et moi, de l'autre. Je faisais partie des personnes jeunes, avec un métier, et pou-

vais donc leur servir à quelque chose. Nous étions environ 300 femmes à être considérées comme des « spécialistes ».

J'ai vu Maman et ma tante s'éloigner et je n'ai plus jamais eu de leurs nouvelles. Une femme, embarquée avec quelque 25 000 autres Juifs du Grand Ghetto, a réussi à s'échapper et a raconté plus tard ce qu'elle avait vu.

Le 30 novembre, les Allemands et les Miliciens lettons ont emmené ces gens en dehors de la ville, dans la forêt de Rumbula, sur la route de Moscou, et les ont massacrés massivement. Cela a duré près d'une semaine, tandis que plus de 800 femmes, enfants et vieillards, abandonnés à l'intérieur du Grand Ghetto, étaient éliminés et leurs cadavres empilés le long des murs du Vieux Cimetière. Au même moment, les enfants juifs malades qui avaient trouvé refuge dans l'Asile des pauvres ont été exterminés à la baïonnette.

J'ai été conduite au Petit Ghetto de Riga, et, quand je suis arrivée, la neige était rouge de sang. Les soldats et les Miliciens avaient « fait le ménage » des invalides et des vieillards. Sans oublier de voler tout ce qui restait dans les maisons.

Je suis restée là près de deux ans. On m'avait donné un travail, en dehors du ghetto où je retournais chaque soir. Je faisais la cuisine dans une cantine qui accueillait les soldats allemands, revenus du front.

A la fin de mars 1942, le millier de Juifs étrangers (Allemands, Autrichiens, Tchèques, Estoniens) qui se trouvaient dans le Petit Ghetto ont été embarqués pour aller soi-disant travailler « dans de bonnes conditions », à l'embouchure de la Daugava. Ils ont tous été exterminés, en route, dans la forêt de Bikernieki.

Puis, en novembre 1943, le Petit Ghetto a été fermé. Les Allemands ont exécuté les malades, les infirmes et un bon nombre de mères avec leurs bébés. C'était à la suite d'un ordre de Himmler qui avait décidé de liquider tous les ghettos de l'Est et d'envoyer uniquement les personnes valides dans les camps de concentration.

C'est à ce moment-là qu'ils en ont ouvert un, à Mezapark, le « Parc de la Forêt », un lieu de distraction très populaire chez les habitants de Riga. C'était quasiment un camp d'extermination avec des « kapos » lettons, d'une cruauté sadique. Mezapark avait une dizaine de « succursales ». Après avoir eu la tête rasée, je me suis retrouvée au camp de Sloka, où les détenus creusaient des puits.

Ensuite, après un transport en wagon à bestiaux, j'ai passé huit mois à Kiviolo, en Estonie où, une nuit, m'improvisant infirmière, j'ai dû me débrouiller toute seule pour soigner les malades, dans des conditions épouvantables.

Le lendemain matin, le Lagenführer m'a saluée par ces mots : « Ah, voilà l'ange de la nuit. » Peut-être qu'il ne cherchait pas à se moquer de moi et que c'était son jour de bonté.

Une autre fois, l'unique médecin du camp, un Juif polonais qui faisait ce qu'il pouvait, a dû noyer dans une cuvette, sur ordre et sous mes yeux, l'enfant dont il venait d'accoucher la maman. On l'obligeait également à arracher les dents en or des cadavres.

Pendant l'été 1944, nous sommes partis en bateau pour Stutthof, en Prusse orientale, à une trentaine de kilomètres de Dantzig.

C'était une grande plaine marécageuse, balayée par les vents de la Baltique, toute proche. Stutthof était un camp de concentration mais aussi d'extermination. Tout de suite après l'annexion de Dantzig, les SS l'avaient construit pour y interner des Polonais et des Allemands antinazis. Peu à peu, ils l'ont agrandi et « modernisé » en y ajoutant un crématoire et une chambre à gaz.

Quand je suis arrivée, il y avait, rien que pour les déportées juives, dix blocks, entourés de barbelés électrifiés, et pour garder l'ensemble du camp, une garnison de 500 SS. En plus des Polonais, de moins en moins nombreux car décimés en masse, la population était composée d'une majorité de Juifs et de Soviétiques, plus des Allemands de droit commun, des Tziganes, des Tchèques, des Norvégiens et même des Français, dont une centaine d'engagés dans la Waffen SS qui avaient dû vouloir déserter.

Mon block était tellement plein qu'il fallait dormir par terre, à même le sol. On se serrait les unes contre les autres pour se tenir chaud. Nous gardions les mêmes vêtements, trempés par la pluie quand ils n'étaient pas raidis par le froid. On nous donnait 200 grammes de pain par jour et le soir une soupe de raves, plus, deux fois la semaine, des miettes de charcuterie ou de fromage. Nous étions couvertes de poux et nous n'avions droit qu'à un petit morceau de savon qu'on devait faire durer deux semaines. Plus tard, j'ai appris au moment du procès de Nuremberg, que le médecin SS du camp, le professeur Spanner, avait mis au point une formule de savon à base de graisse humaine. Il utilisait surtout des cadavres de Russes et de Polonais. Le gauleiter de Dantzig et d'autres officiels du régime sont venus sur place examiner le résultat de ses recherches. Ils sont repartis très satisfaits par ce qu'ils avaient vu. A l'infirmerie, les kapos, choisis parmi les Allemands de « droit commun », faisaient la loi. Ils volaient le ravitaillement des hospitalisés, et ils en ont brutalisé et même tué tellement que beaucoup de malades préféraient rester dans leur block pour y mourir plutôt que de se présenter à l'infirmerie. D'ailleurs, les Juifs n'avaient pas droit à la visite médicale.

Pour un oui ou pour un non, les SS infligeaient des punitions. L'une de leurs préférées était d'asseoir le prisonnier sur une sorte de cheval de bois et de le flageller au nerf de bœuf, en présence du plus grand nombre de détenus, contraints d'assister au spectacle. Une autre punition qu'ils aimaient bien était de laisser le puni au garde-à-vous toute la nuit, dehors. Le matin, les kapos faisaient ramasser les corps de ceux qui n'avaient pu résister et étaient tombés morts sur place.

Les kapos n'étaient pas tous allemands. Je me souviens d'une kapo juive qui nous comptait le soir. Une fois, je lui ai montré la fenêtre aux carreaux brisés qui nous envoyait un air glacial et, pour toute réponse, elle m'a donné un violent coup de poing qui m'a envoyée par terre.

Les détenues juives étaient particulièrement visées. Chaque matin, devant leurs dix blocks, il y avait un tas de cadavres qu'il fallait retirer, et le lendemain, cela recommençait. On a appris plus tard qu'une Juive adulte avait été pesée à l'infirmerie. Elle ne dépassait pas 19 kilos.

Quand, en plein jour, les kapos donnaient l'ordre de « faire le noir », il fallait baisser les stores des fenêtres donnant sur le crématoire.

Un témoin, le Dr Paul Weil, a décrit devant la commission d'enquête des Alliés, comment les déportées polonaises étaient introduites une par une dans le crématoire où les attendait dans l'ombre un officier allemand, en blouse blanche et gants de caoutchouc, qui les abattait, au fur et à mesure, d'une balle dans la tête. Les corps étaient aussitôt ramassés par des détenus et jetés dans le four crématoire. Le docteur Weil était certain qu'elles savaient, en arrivant, ce qui les attendait : « Presque toutes, a-t-il rapporté, avaient un sourire aux lèvres avant d'entrer dans la sinistre baraque. »

La chambre à gaz de Stutthof a été examinée soigneusement après la libération du camp. Elle pouvait recevoir une centaine de détenus qui, en principe, mouraient au bout d'une demi-heure, mais il était fréquent que certains vivent encore, au moment du transport jusqu'au crématoire. La chambre à gaz a fonctionné à plein pendant l'été 1944, jusqu'au mois de décembre.

Plusieurs fois par semaine, on réunissait les prisonniers pour assister à une cérémonie solennelle de pendaison, avec tous les SS au garde-à-vous. Il s'agissait d'évadés qu'on venait de capturer et de « politiques » récemment jugés.

Il y avait également une pièce spéciale où, après avoir été sélectionnés par le médecin SS dont j'ai parlé plus haut, les plus malades et les plus faibles recevaient une piqûre de formol et d'acide phénique dans le cœur.

C'était un progrès car ils mouraient sur le coup, tandis que, auparavant, la piqûre était intraveineuse, et celui qui la recevait devait, a dit le Dr Weil, témoin de ces scènes, se rendre lui-même jusqu'au tas de cadavres en attendant d'y tomber à son tour. Les femmes juives sélectionnées pour la piqûre devaient attendre à la porte, parfois tout un après-midi. Le kapo leur donnait une cigarette quand arrivait leur tour. A la fin, la typhoïde et le typhus ont été encore plus efficaces que la chambre à gaz, les exécutions et les piqûres. Chaque matin, à la porte du block 30, attribué aux Juives moribondes, on ramassait près de 200 cadavres. En un mois et demi, la typhoïde a tué près de 15 000 déportés.

Quand les Soviétiques sont arrivés à Stutthof, en juin 1945, il ne restait plus que 400 détenus, quasi agonisants. Sur un total de 120 000 déportés, 85 000 ont disparu d'une manière ou d'une autre.

Pour une raison que j'ignore, j'ai eu la chance d'être transférée, avec un groupe d'autres femmes juives, à Ochsensoll, près de Hambourg, où nous travaillions, douze heures par jour, à la fabrication de grenades dans une usine des environs. C'était très pénible de soulever les caisses, surtout pour moi, qui n'ai jamais eu beaucoup de force dans les bras.

Nous avons eu un premier Lagenführer très dur qui nous punissait à la moindre occasion. Par exemple, après que l'une d'entre nous eut rapporté une pomme pour une camarade malade, on nous a obligées, à notre retour du travail, à rester pendant des heures debout dans le froid, les mains au-dessus de la tête.

Puis, un jour, un autre Lagenführer est arrivé et tout a changé. C'était un être humain ! Il est difficile d'imaginer un « bon Allemand » à la direction d'un camp de concentration. La vie, parfois, est une farce merveilleuse. Nos baraques sont devenues d'une propreté impeccable. On nous a donné des couvertures et des matelas de paille. Il y avait même, comme dans un bon collège, des contrôles de propreté par des gardiennes allemandes qui passaient le doigt sur les planches pour s'assurer qu'il n'y avait pas de poussière.

Bergen-Belsen, où nous avons été transférées le 26 mars, était bien différent. Je ne dirais pas que nous venions de quitter le paradis mais il est sûr que nous arrivions en enfer. Il n'y avait pas de baraques pour les prisonniers russes. On les laissait en plein air, par tous les temps, sans presque rien à manger ni à boire. Il y a eu, paraît-il, des scènes de cannibalisme.

Le SS Haupstürmführer Josef Kramer était une brute sadique. On l'a appelé « la bête de Belsen ». Il avait fait carrière dans les camps de concentration depuis leur début en 1934. Il avait auprès de lui des gardiennes SS, tout aussi cruelles. En particulier, une certaine Herta qui ne se séparait pas de sa cravache. Elle s'en servait pour frapper les femmes, et elle a été vue également en train d'en exécuter à coups de revolver. Un des subordonnés de Kramer l'informant d'une épidémie majeure de diarrhée, celui-ci répondit : « Ils n'ont qu'à ne pas manger. Quand on ne mange pas, on ne chie pas. »

On entendait de partout les cris des enfants qui réclamaient : « De l'eau, de l'eau. »

On a appris plus tard que la petite Anne Frank se trouvait là avec sa sœur. Elle a été atteinte, comme moi, par le typhus, mais elle, elle en est morte. Quelques jours plus tard, les Anglais nous libéraient. Elle avait 15 ans.

A la fin, comme il n'y avait plus de place dans les crématoires, on empilait les corps. Partout, il y avait des montagnes de cadavres, et il était même difficile de les distinguer des survivants qui n'avaient plus rien que leur regard. Des yeux, des yeux, des yeux, suspendus au-dessus de ces vies qui étaient parties. Les Anglais ont découvert une jeune déportée vivante, au sommet d'un de ces monticules de morts.

Elle dormait.

Si l'on voulait manger un peu de soupe claire, il fallait ne pas s'arrêter de creuser, pour donner une place aux cadavres. Nos seuls moments de bonheur, c'était quand nous entendions le fracas merveilleux des bombes alliées qui tombaient tout autour, comme un don du ciel. Nous levions les bras en signe de joie, comme si on nous parachutait des bonbons. Le 15 avril 1945, à l'aube, les officiers SS ont déguerpi, laissant leurs hommes derrière eux avec l'ordre de brûler le camp et tout ce qui y restait à trois heures de l'après-midi.

Par miracle, les Anglais sont arrivés à onze heures du matin. Ils ont trouvé 10 000 corps qui n'avaient pas encore été brûlés ou jetés dans les fosses. Les vivants ou les agonisants étaient près de 40 000. Il en est mort 28 000 dans les jours qui ont suivi. Sur ces entrefaites, les Russes sont arrivés. Ils venaient chercher les leurs. Je ne voulais surtout pas les suivre mais ils insistaient. J'arrivais de Lettonie et étais donc soviétique. Il fallait se soumettre. J'ai tellement résisté, tellement répété : « Non, je n'irai pas », qu'un des Russes a dit à son collègue : « Tu vois bien qu'elle est complètement folle. Laisse tomber... »

Et ils m'ont laissée. Sinon, je me serais sans doute retrouvée au goulag.

Afin de soigner mon typhus, on m'a laissée trois mois à l'hôpital, puis j'ai été envoyée en Suède, où les soins m'ont retenue pendant huit mois, avant que j'embarque pour les Etats-Unis où m'attendait mon frère, Eugène, dans le Montana.

Je me suis installée à New York où j'ai épousé un avocat, originaire de Pologne, dont je porte le nom, Honigwill, et qui est mort en 1977. Pendant toutes ces années de bonheur, j'ai travaillé avec mon mari dans un syndicat et je pense avoir utilisé aussi bien que possible cette seconde partie de ma vie, au service de mes compatriotes américains.

Depuis que j'ai pris ma retraite, je profite de la moindre occasion pour voyager avec ma chère Ira. Nous avons récemment visité Vienne, Budapest et Prague. J'arrête là, car ma main ne me suit plus, après toutes ces pages d'écriture. Avant de nous retrouver à Rome, comme je l'espère, je vous enverrai quelques notes sur votre grand-père et le reste de la famille

Sincèrement, votre Adèle.

18

Je ne leur ferai pas cadeau de ma haine

Jackson Heights, 18 juin 1998.

Cher Christian,

Merci de votre bonne lettre. Vous semblez étonné de mon absence totale de haine. La nature m'a faite petite et frêle. C'est ma seule force de ne pas donner à ceux qui m'ont pris des années de ma vie plus que ce qu'ils ont volé. Ils ne méritent pas ma haine, et je ne veux pas leur faire ce cadeau.

Je préfère garder le souvenir de quelques moments de grâce et d'humanité, à cause desquels tout au long de ce parcours je n'ai jamais perdu l'espoir. Sur la balance, un sourire, un geste, même dérisoire, pèsent plus lourd que les horreurs dont on est accablé.

Quand je repense au camp de Stutthof, où la vie était dure, la première image qui me revient n'est pas celle de tous nos corps, allongés par terre, les uns contre les autres pour se tenir chaud, mais de la voix merveilleuse d'une chanteuse juive allemande qui, sur la place du camp, au milieu du cercle que nous formions autour d'elle, avait improvisé un récital, jusqu'à ce que les gardiens viennent nous disperser.

Je crois, d'ailleurs, que c'est un trait commun à tous les

Mazur : ils sont coriaces, ils ne se laissent pas facilement abattre. La vie n'est pas belle, pas belle du tout, mais elle mérite, quand même, qu'un jour, on meure pour elle, et c'est ce qui nous la fait aimer.

Je vous avais promis quelques notes sur les frères et sœurs de votre Grand-Père Savely, à ajouter à ce que vous a dit Ira sur sa mère, Pauline, et moi sur la mienne.

Savely Mazur

Mon oncle Savely, votre grand-père, qui était en route vers Paris, s'est arrêté à Riga et a passé quelques jours chez mes parents. Il avait la réputation d'un homme arrivé, doué d'un grand charisme et d'une personnalité attachante.

C'est vous qui m'avez appris sa conversion à la religion orthodoxe. Jusqu'alors, il n'y avait jamais eu dans la famille d'événement de cette sorte, et j'imagine que si son père avait été au courant il aurait été furieux. Savely a dû lui cacher la vérité, ce qui n'était pas difficile, puisque l'un était à Mitau et l'autre à Moscou. Mais ce n'est qu'une supposition de ma part.

J'ajouterai que, pour la génération des enfants de Hirsch Mazur, la religion n'était plus exactement ce qu'elle avait été pour les aînés.

Dans mon cas cela a toujours été une tradition qu'il fallait respecter beaucoup plus que la manifestation d'une foi ardente. Au temps de ma jeunesse, à Riga, il ne faut pas croire que tous les Juifs étaient de stricte observance, et ne faisaient, par exemple, que des repas kasher.

Je n'ai malheureusement rien d'autre à vous dire sur lui, sinon que, dans les années 1930, on était persuadé dans la famille qu'Oncle Savely avait été déporté au bagne des îles Solovki.

Maxime Mazur

Le deuxième fils de Hirsh Mazur a travaillé dans l'importation, avec l'Allemagne et la Suisse. Il a épousé à Odessa la fille d'une riche famille juive, Mathilde Chalita. A leurs trois enfants, Genia, Lydia et Sacha, ils ont donné une enfance « dorée » avec une nuée de gouvernantes allemandes, françaises, et de magnifiques étés dans la grande datcha, au bord de la mer Noire.

Après les événements de Kichinev, en 1903, où les cosaques, traquant les Juifs, avaient tout incendié sur leur passage, les pogroms s'étaient étendus à Odessa. Ils ont donc envoyé leurs trois enfants continuer leurs études en Allemagne, à Breslau, puis à Paris, en 1912, où ils se sont établis et ont retrouvé leur tante parisienne, votre Grand-Mère Adrienne.

Lydia a épousé le « bel officier » polytechnicien, Albert Berman, avec qui elle a eu trois enfants, dont Claude et Serge, qui ont tous réussi admirablement (Claude, également polytechnicien, a été dans la Résistance et, capturé par la Gestapo, a pu s'échapper du dernier convoi en partance pour l'Allemagne).

Genia, après des études de chimie, a eu moins de chance en ménage que sa sœur, mais sous l'Occupation elle a joué un rôle héroïque au sein des filières de sauvetage des enfants juifs, dans le centre de la France.

Quant à Sacha, il s'est fait un nom, avant la dernière guerre, et surtout après, comme photographe de cinéma, mais son caractère ombrageux l'a éloigné de sa famille.

David

Le troisième fils de Hirsh a quitté Riga pour le centre textile de Lodz, en Pologne. Disparu dans l'Holocauste. Pas de descendance.

Alexandre

Dans l'industrie textile, comme les autres membres de la famille, il a émigré en Russie avant de retourner à Riga, en 1919, comme sa femme, dans la tourmente de l'occupation nazie. Son fils Eugène a fait ses études d'ingénieur à Grenoble, et, de retour en Lettonie, il a rejoint, après 1941, les rangs des Partisans qui combattaient en liaison avec l'Armée rouge. Il est mort au combat. Sa fille Hélène a travaillé à Paris, avant d'émigrer aux Etats-Unis et de s'installer en Allemagne, après la guerre.

Henry

Comme son frère David, il a travaillé dans le textile à Lodz, où il a disparu dans le ghetto avec sa femme et leurs quatre enfants. Un de leurs fils, Alexandre, avait étudié le droit à Odessa. Révolutionnaire enragé, lors des événements de 1905 et de la mutinerie du cuirassé Potemkine, *il avait été arrêté par la police tsariste, alors que, suspendu à l'aigle impériale ornant la façade de l'Opéra, il haranguait la foule en des termes enflammés.*

Louis

Le dernier des huit enfants Mazur a, après son mariage à Mitau, émigré en 1905 aux Etats-Unis où il a monté une petite usine de chaussures dans le Massachusetts. Parmi ses descendants, Elinor Lipman, qui collabore notamment au New York Times, *a écrit plusieurs romans dont* L'Homme qui brisait les cœurs, *récemment traduit en français.*

J'espère que vous ne vous êtes pas perdu dans ce labyrinthe familial que j'ai essayé de faire le plus court possible. On pourrait faire le compte des maux tragiques qui ont ponctué l'histoire des Mazur, mais sans doute vaut-il mieux se réjouir que même les nazis, ajoutés aux Soviétiques, n'aient pas réussi à les détruire complètement.

Ira prépare notre séjour à Rome, à la fin septembre. Sa fille Natasha et sa petite-fille, Anna, nous accompagneront. Nous comptons sur vous deux !

Votre Adèle.

19

Le Lagenführer était un Juste

Rome, septembre 1998.

Elles sont en avance, posées comme deux moineaux sur le mur de pierre. Nous nous sommes échangé nos photos respectives, nous n'avons donc pas de mal à nous reconnaître.

Ces retrouvailles au bout du siècle me font battre le cœur. Ces deux vieilles dames ont parlé avec mon grand-père, elle l'ont touché de leurs mains d'enfant, elles l'ont embrassé quand il sortait de sa pelisse un sac de chocolats ou un petit jouet. La frêle passerelle que leurs souvenirs tendent vers moi devient déjà un large et magnifique pont pour accéder à l'autre rive où se recollent les fragments du passé.

J'ai donné rendez-vous à Adèle et Ira au guichet d'entrée du mont Palatin. De toutes mes promenades romaines, c'est ma préférée. Depuis ma première découverte de la Ville éternelle, j'accomplis chaque fois comme un rituel, à travers les jardins du cardinal Farnèse, dans le murmure des sources et des chants d'oiseau, la douce ascension de cette colline fracturée qui menace de s'écrouler. Il m'a semblé que c'était une bonne idée de partager ce fragile bonheur avec elles.

Les voilà qui, trottant vers moi, battent des ailes en roucoulant des phrases où le russe, l'anglais et même quelques bribes de français s'entrechoquent dans un ravissant désordre.

Dans l'avion qui m'emportait depuis Nice, je me suis inquiété un instant de savoir si c'était vraiment une bonne idée de retrouver ces deux naufragées de l'Histoire dans le champ de ruines qu'est la Rome antique. Maintenant qu'elles sont là, pépiantes comme des collégiennes, et que, en contrebas, le Forum étale ses arcs effondrés, ses temples éventrés et ses colonnes fracassées, l'évidence parle d'elle-même.

Rome n'est pas le champ de ruines dont, sur les pas de Chateaubriand, Byron ou du Baedeker, on s'obstine à n'entendre que les notes funèbres. Elle est au contraire un défi à la mort, un chant de vie. Comme le sont mes vieilles dames, à la jeunesse pulvérisée, mais dont le goût de la vie est incassable.

Fichue « poésie des ruines », alors qu'il faudrait, au contraire, chanter la belle prose, autrement tonique, où s'écrit la vie ordinaire des gens de Rome. Sur la table du festin de pierre, dressée depuis deux mille ans, bout la marmite perpétuelle où le Romain ne se lasse pas de tremper sa louche, remplissant les assiettes de la plus belle potée d'époques, de styles et de générations.

Fichue manie française du « bel ordonnancement », cette vérole qui vide les bourses de la fantaisie et de l'imagination. Même notre ami, le conseiller de Brosses, s'y est laissé attraper, râlant au spectacle d'une ville « sans ordre et sans suite, où tout est de palais et de cabanes ». La magie de Rome est précisément que le profane marche sur les pieds du sacré et que tout nouveau siècle donne un coup d'épaule au précédent, pour y faire son trou. Elle est le lieu béni entre tous, où il n'y a pas de passé au-delà du présent, mais où le passé et le présent s'accouplent ardemment, parfois jusqu'à s'étrangler un peu, juste de quoi laisser à l'autre la liberté de respirer.

Je rêve, à l'instant, de me transformer, pour mes cousines, en un guide qui ne s'occuperait que de temples, comme celui d'Antonin et de Faustine, enjambés ou à demi digérés par des églises ; un guide qui les tirerait par la main dans les *vicoli* sombres autour de Campo dei Fiori, où les appentis des cordiers et des chaudronniers se collent, comme des baisers mouillés, aux murs des palais ; et qui les baladerait parmi les somptueuses épluchures de murailles impériales, d'arcs et de temples, fondus dans quelques débris de chapelle, là où les Romains adorent percer une fenêtre, poser un pot de fleurs en équilibre sur le rebord et accrocher une cage à serin. L'autre beauté des ruines romaines, hors les espaces célébrés où l'on transhume derrière de petits drapeaux et des parapluies tendus, est qu'on ne les visite pas. Emboîtées dans la vie de tous les jours, elles se laissent uniquement cueillir au hasard des rues, et c'est tellement mieux ainsi.

Pour le Romain qui vit auprès d'elles, elles ne sont pas des fantômes de l'Antiquité mais des surfaces familières, auxquelles il ne faut pas attacher une importance excessive, même s'il y a, au-dessus du siège des toilettes, un joli bout de frise, ou, dans la cage de l'escalier, une grosse miette de colonne de marbre. Bref, on ne doit pas aimer les ruines romaines pour rêver du passé mais pour s'émerveiller de les voir au milieu des vivants, entourées de chats, de choucas et de faucons crécerelle.

*

Il ne faut pas lambiner, si on veut suivre, trottant d'une rue à l'autre, mes deux nouvelles amies. D'ailleurs, je me surprends moi-même. Sauf envers mes très proches, je n'ai jamais éprouvé cette passion française qui fabrique les réunions de famille à répétition et jette dans les bras les uns des autres cousins, neveux, oncles et belles-sœurs. Sans doute à cause de l'immensité d'une famille paternelle trop vaste pour encourager l'exploration, je me suis taillé la réputation d'un navigateur solitaire. Aujourd'hui, c'est moi qui me jette à la tête de ces dames, tirées du fond de l'Histoire. Il est vrai qu'elles m'apportent un grand-père.

*

Bien qu'elle soit aux Etats-Unis depuis vingt-cinq ans, Ira donne l'impression de débarquer à l'instant de l'avion de Moscou. Elle passe au hachoir un anglais qui l'assomme, et c'est au contraire un vrai bonheur de lire la joie sur son visage quand, se tournant vers son amie Adèle, elle se met à tricoter à toute vitesse des phrases en russe.

Elle est assez grande, belle, ronde mais avec prudence. Son visage, qui a fait son plein de bonté et qu'elle tient haut et droit, pourrait servir de vitrine aux Mamouchkas de toutes les Russies, tant s'y reflète ce mélange de gaieté triste et de tendresse héroïque qui est un peu leur marque de fabrique. Un demi-siècle d'Union soviétique a fait d'elle une vraie Russe. Elle soupire en pensant à son pays, malgré tout ce qu'il lui a fait : deux fois la prison pour son père, un oncle (mon grand-père) disparu corps et biens, un frère de dix-neuf ans tué sur le front et, pour elle-même, une vie de Juive, de plus en plus difficile à supporter.

La morsure d'amour est quand même la plus forte. Quand elle parle de Moscou, elle y est. Sa fille Natasha ne l'a pas accompagnée ce matin, nous la retrouverons plus tard. Elle ne soupire pas après le Kremlin, ni après les fresques d'églises en perdition sur lesquelles elle a exercé ses talents de restauratrice d'art. Encore moins après cette Amérique où son trop-plein de tendresse tape contre les murs. Elle ne se voit bien que romaine ou florentine.

Enfin, Adèle. Adèle a le regard intense des Mazur. Chez

les uns, il est noir, aile de corbeau. Chez elle, il est vert-bleu. Quand elle vous regarde, c'est le « Rayon vert » qui vous transperce. Casque blond impeccablement mis en plis, perles autour du cou et perles aux oreilles, cardigan de cachemire bleu tendre, un soupçon de rouge sur les lèvres, elle sort d'une boîte, quelle que soit l'heure où elle paraît.

On a du mal à imaginer de quoi avait l'air la jeune femme du ghetto de Riga et la déportée de Bergen-Belsen. Je suis certain, malgré tout, que dans ces temps-là ce petit concentré d'énergie et de dignité devait faire l'impossible pour ressembler encore à un être humain.

De la douzaine de rescapés de la Shoah ou du goulag que j'ai eu l'occasion de rencontrer dans ma vie, je n'ai pas le souvenir de beaucoup d'entre eux qui donnaient l'impression de porter leur intime tragédie en bandoulière. Ou bien ils gardaient pour eux leur passé, ou bien, le plus souvent, ils en parlaient avec une sorte de détachement, comme si ce qu'ils décrivaient avec le minimum de mots et d'adjectifs était arrivé à un autre.

Quand je visionne les deux cassettes de l'interview d'Adèle par l'équipe de Steven Spielberg, je retrouve chez elle le même détachement dans la brutalité des détails, la même absence d'émotion apparente, la même placidité qui rendent d'ailleurs encore plus insoutenable, dans la bouche d'une femme de quatre-vingt-six ans, le rapport d'autopsie de la barbarie humaine. Pas une larme, pas un soupir, pas un cillement d'yeux pour décrire, par exemple, la scène, au camp de Kivioli, où, en sa présence, un médecin juif doit, sur ordre, noyer les nouveau-nés dans une cuvette, comme une portée de chatons.

Elle déroule le parchemin de l'horreur avec le même calme que le rabbin sa Torah. Toutefois, Adèle a une étonnante disposition à repérer sur le fumier la petite, la minuscule fleur qui surgit là, miraculeusement, comme pour effacer tout le reste. Elle se souvient du moindre détail qui pourrait alourdir, ne serait-ce que d'un gramme, le plateau désespérément vide de la bonté humaine. Quand elle travaillait dans une usine d'armement près de Hambourg, il y avait un jeune Allemand, adjoint au surveillant chef, qui ne cessait de les abreuver d'injures. Une brute épaisse. « Un jour, il m'a traitée de " putain ", et il était sur le point de me taper dessus quand, le regardant dans les yeux, je lui ai dit : " Ai-je vraiment l'air d'une putain ? " Il a retenu son bras et ne m'a jamais touchée. Il a dû ressentir, très loin, quelque chose qui ressemblait à une sorte de honte. »

Une autre fois, elle évoque le souvenir, quand elle se trouvait au ghetto de Riga, d'un officier allemand qui lui avait demandé de le manucurer (un art dont elle ignorait tout mais qu'elle a vite appris). Les hommes qui se font faire les mains aiment bien converser avec leur manucure. Celui-là avait parlé de sa femme, une Russe, qu'il avait épousée avant la guerre, et il lui avait livré cette confidence : « Il y a peut-être des jeunes gens de sa famille sur le front, juste en face. Ils vont tirer sur moi et moi sur eux. N'est-ce pas affreux ? » « J'ai eu de la peine pour lui », conclut Adèle.

Ce qui m'intrigue le plus est, bien sûr, ce Lagenführer du camp d'Ochsensoll dont elle me disait dans sa lettre qu'il avait été un « être humain ». Elle ne sait plus très bien s'il appartenait aux SS ou bien à la Wehrmacht. Il avait succédé, fin 44, à un commandant qui, lui, était une « bête ».

« Il a fait le tour des baraques et nous a réunies : " Ce sera bientôt Noël, a-t-il dit, et il me semble que ce serait une bonne idée que vous prépariez un petit spectacle. S'il y en a parmi vous qui savent chanter, jouer d'un instrument ou n'importe quoi d'autre, c'est le moment de vous y mettre. Vous pouvez compter sur mon concours. "

« Nous avons préparé quelque chose qui était sympathique. Ensuite, on nous a servi un repas comme je n'en avais pas eu depuis des années, et le commandant est venu nous souhaiter un “ Joyeux Noël ”.

« Si nous avions eu encore la force de pleurer, nous aurions toutes fondu en larmes. Quand il a été traduit par les Anglais devant le tribunal militaire, il aurait certainement été envoyé à la potence, comme la grande majorité des Lagenführer, si personne d'entre nous ne s'était souvenu de ce soir de Noël. Non seulement, il n'a pas été condamné à la pendaison, mais il a été libéré sur-le-champ. C'était un homme bon. Un Juste. »

*

A la fin de notre séjour romain, je ne peux m'empêcher de poser à Adèle la question qui, depuis un certain temps, me brûle les lèvres : « Après tout ce que vous avez enduré, comment faites-vous pour être optimiste ? Vous avez décidé d'oublier le passé ? Ou bien avez-vous pardonné ?

— Mais non, me répond-elle, je ne suis pas optimiste, je n'ai rien oublié et je n'ai rien pardonné. Je suis simplement polie.

— Polie ?

— Oui, polie avec la vie. Mes parents m'ont appris que nous sommes tous ses invités. Vous ne pensez pas que c'est la moindre des choses de lui dire merci quand elle nous fait une gentillesse ? »

Je rapporte à Adèle ma réflexion de petit garçon à ma grand-mère : « Dis, Mémé, c'est grave d'être Russe ? » Et j'ajoute : « Dites, Adèle, c'est grave d'être Juif ? »

Le « Rayon vert » fait pétiller son regard : « Tous les hommes, dit-elle, ont pour vocation de disparaître. » Puis, après un court silence, elle enchaîne : « ... Et nous, les Juifs, un peu plus que les autres. »

20

D'anciens SS « parfaitement fréquentables »

Hôtel Métropole. Depuis près de vingt minutes, le présentateur du journal télévisé parle, et pas une fois il n'a encore esquissé l'ombre d'un sourire.

A quoi ça sert d'être libre, si on n'ose pas le montrer ?

A Riga, depuis deux jours, en cette fin d'hiver 1999, je suis la proie de sentiments contradictoires. D'un côté, je suis sous le charme de cette capitale hanséatique qui renaît doucement à la vie, dans la lumière, comme réfractée par un diamant, de la Baltique, de l'autre je me heurte à chaque instant à des visages, souvent fermés et, au mieux, avec une expression lourde et butée qui n'encourage pas les avances.

A Rome, Adèle parlait de Riga avec gourmandise. De la Riga des années 1920, quand, débarrassée des corps francs allemands, des interventionnistes franco-anglais, des armées blanches aussi bien que des bolcheviques ou des sanguinaires tirailleurs rouges lettons de la Garde de Lénine, la jeune République prenait du bon temps à la terrasse des cafés de ce « Petit Paris », nourrissait une vie intellectuelle et artistique intense, emplissait les écoles et les universités d'une jeunesse ardente et ivre de savoir, ouvrait les plus grandes halles d'Europe dans de gigantesques hangars à zeppelins, et expédiait aux quatre coins de la planète ses inestimables chocolats et son beurre extrafin dont la réputation dépassait même celle qu'avait eue en Occident, avant la révolution, le fameux « Cygne blanc » d'Omsk, en Sibérie.

Aujourd'hui, la nourriture ne manque pas, et les vitrines ont plutôt bon aspect. A quoi tient donc cette impression de se trouver, un dimanche après-midi, dans le jardin d'une maison de repos où la vie se déplace à petits pas ? Est-ce parce que quatre passants sur dix sont des laissés-pour-compte de l'ex-Union soviétique qui préfèrent la pauvreté en Lettonie à la misère en Russie que le Letton de Riga a tant de peine à sourire ? Partout où je vais, je veille à marcher sur les œufs sans les casser. Au restaurant, à la banque ou même à la réception de mon hôtel, le contact est difficile, laborieux, enveloppé de méfiance.

Parti sur le sentier de mes aïeux, j'ignore ce que ce tour de la Lettonie me réserve. Il me fallait retrouver les lieux où ils ont vécu, et, si le passé veut bien, après tant d'années, m'offrir ne serait-ce que quelques grains de poussière, quelques reflets sur un miroir brisé, je serai comblé.

*

A trois ou quatre blocs de la rue Alexander, bordée d'immeubles à la panse bien remplie, dans la tradition haussmannienne, où ma cousine Adèle habitait avec ses parents, à la belle époque des jours heureux, mais d'où, aussi, un soir de 1941, son père a disparu pour toujours entre les mains des Miliciens, un étrange spectacle se déroule, de l'autre côté du canal Plisetas, non loin de l'église russe orthodoxe que les Soviétiques avaient trouvé plus raisonnable de transformer en planétarium.

Sur la chaussée de Brivedas iela (la rue de la Liberté), ça boitille, ça crampe du mollet, ça coince du dos, ça souffle des naseaux, ça goutte du nez, ça violace des extrémités mais ça avance quand même, les bras chargés de fleurs, de cierges ou d'étendards qui chaloupent dans le petit vent frais. Çà et là se détachent des profils de loups. De vieux loups gris dont certains se sont empâtés avec le temps et d'autres, au contraire, se sont aplatis en de maigres silhouettes au regard fixe.

C'est le jour, en tout cas, où les héros n'ont pas le droit d'être fatigués. L'air grave ou le sourire aux lèvres, sous la chevelure blanche ou la casquette noire à longue visière, tirée du placard aux souvenirs, les vieux fusils fêtent leur jeunesse retrouvée, au pied de Milda, la Liberté lettone, figée dans le bronze d'une élégante chemise de nuit et qui tend au-dessus de sa tête trois étoiles d'or, une pour chaque province.

En face, derrière la haie de policiers, il y a des poings qui se dressent et des cris qui s'envolent : « Fascistes ! Assassins ! »

Mais les vieux briscards n'en ont rien à faire de ces Russes rancuniers qui, chaque année, viennent ici les narguer et les injurier copieusement. Ils ont leur conscience pour eux, et la caravane peut aboyer devant les chiens qui passent.

L'an passé, à la même date, le commandant en chef de l'armée, en uniforme, et quelques parlementaires ne s'étaient pas fait prier pour prendre la tête du cortège. Une preuve s'il en était besoin que les vétérans de la division des SS lettons qui fêtent l'anniversaire de leur baptême du feu contre l'Armée rouge, le 16 mars 1944, sont des gens « parfaitement fréquentables ».

Cette étiquette ne les dérange en aucune façon. Ils se défendent d'avoir quoi que ce soit en commun avec les SS allemands ou le commando Arajs de la police spéciale lettone qui traquait et massacrait les Juifs. Ils se considèrent comme d'authentiques patriotes. Ils n'y sont pour rien si le haut-commandement allemand les avait rattachés à la Waffen SS. Ils auraient endossé n'importe quel uniforme, à condition qu'on les laisse se venger des Soviétiques... Quand après avoir été, pendant plus de deux siècles, sujet russe de l'empire du tsar, puis membre d'une Lettonie indépendante, et que l'on se retrouve en 1940 sujet soviétique après que Adolf Hitler a emballé un morceau de Pologne et les trois pays baltes dans un paquet-cadeau à l'intention de son compère Joseph Staline, on a quelque raison de se sentir désorienté.

Surtout que, avec l'arrivée, le 17 juin 1941, de 200 000 soldats de l'Armée rouge, au nom d'un pacte « d'assistance mutuelle », ce n'est pas le printemps qui se met à chanter. D'un coup, le niveau de vie dégringole, la liberté est bâillonnée, le parti omniprésent est tout-puissant, les propriétaires sont expulsés, les logements ne doivent pas dépasser neuf mètres carrés par adulte, la religion est mise à l'écart et le pays tout entier gavé de force au marxisme-léninisme, en attendant de passer aux choses vraiment sérieuses. Comme par exemple l'épuration massive des fonctionnaires, des intellectuels et des officiers dont près de 1 500 seront exécutés. Ou bien encore la déportation en Sibérie, de juillet 1940 à juin 1941, de 35 000 citoyens lettons dont certains avaient commis le crime inexcusable de parler l'espéranto ou d'appartenir à un club de philatélistes. Avec ce sens de l'humour qui inspirait à Staline ses blagues les plus fines, celui-ci avait tenu à spécifier que la Lettonie, dont le gouvernement, indubitablement légal, avait demandé (sous la menace) son intégration à la République socialiste soviétique, était « libre à tout moment de quitter l'URSS ».

Pour toutes ces raisons, il n'y eut donc que les Juifs, bien qu'ayant souffert eux aussi des Soviétiques, à ne pas se jeter au cou des « libérateurs » allemands qui, conduits par le général von Leeb, faisaient, le 1er juillet 1940, une entrée triomphale dans les rues de Riga.

En imaginant cette folle journée où Riga pleurait de joie en agitant le drapeau national, bordeaux et blanc, je m'interroge : si j'avais été letton, sans me soupçonner la moindre goutte de sang juif, y serais-je allé, moi aussi ?

Il y a des chances que oui, hélas... Comme les autres.

Non, il n'est pas simple d'être letton.

Les larmes de joie à peine séchées, il a fallu se rendre à l'évidence. Les bons amis allemands étaient venus pour leur offrir un humaniste, le Reichskommissar Alfred Rosenberg, né, d'ailleurs, dans la proche Estonie. Comme partout dans l'Europe occupée, mais sans doute pire qu'ailleurs, les rats, déferlant du fond des égouts, ont vite laissé, loin derrière eux, les porteurs de flambeau d'une idéologie virile et « régénératrice ». Le premier en date et le plus efficace étant l'officier de police letton, Viktors Arajs, qui, dès le lendemain de la « libération » de Riga, a sifflé ses commandos pour une grande chasse aux Juifs. A leur tableau : 60 000 exécutions.

Plus subtil que ces « chiens de sang », ainsi qu'on les appelle, le Service de sécurité du général Heydrich — mêlant volontaires et fonctionnaires déjà en place — charge la police lettone elle-même de la traque des Juifs. Plus tard, on enverra ses membres se battre devant Leningrad.

Ce ne sera pas suffisant. Après avoir institué le travail obligatoire, les Allemands enrôleront de force 150 000 Lettons, nés entre 1915 et 1924. Un petit nombre parviendra à s'enfuir et à rejoindre, comme Eugène Mazur, le fils de mon grand-oncle Alexandre, les réfractaires qui combattaient dans les forêts de l'Est, auprès des partisans soviétiques. Mais sur les autres Lettons, le piège s'était refermé. Il en était peu en cette année 1941 qui ne souhaitaient la mort de l'Union soviétique tant haïe. Le feu de la revanche faisait d'eux, sans distinction, à l'exception des Juifs, des alliés objectifs des nazis.

Aujourd'hui, en regardant ces vieillards serrer dans leurs mains violacées les étendards fanés de la défaite, je me demande combien parmi eux ont été vraiment fiers de porter l'uniforme de la Wehrmacht ou les insignes de la SS.

Volontaires ou « Malgré Nous », tous, en tout cas, ont combattu jusqu'à l'extrême fin dans le « réduit de Courlande » où, sur l'insistance insensée de Hitler, s'étaient laissé piéger trente divisions du groupe d'armées du Nord, coupées du reste de la Wehrmacht. Au bout des fusils des SS lettons se trouvaient des neveux de Grand-Père Savely : les Lettons des « Bataillons rouges » que les Soviétiques avaient placés en première ligne. Pour le plaisir, sans doute, d'une belle et bonne guerre fratricide.

Non, il n'est pas simple d'être letton, même quand on est SS.

Il n'est d'ailleurs pas plus simple d'être russe. Ces jeunes gens et ces anciens combattants de l'Armée rouge dont j'entends exploser la colère vivent dans un pays qui ne veut pas d'eux, même s'il doit s'y résigner, depuis que Boris Elstine a reconnu l'indépendance de la Lettonie. Restés sur le carreau letton où Staline et les autres les avaient expédiés, 700 000 ex-Soviétiques sont comme des chiens sans maître. Ils ne retrouveront de papiers que s'ils rentrent dans cette Russie où ils ne veulent pas aller, flottant comme d'indésirables fantômes dans les nuées de la non-existence.

*

De retour à l'hôtel Métropole, je trouve un message : j'ai rendez-vous demain matin, à 10 heures, avec M.K., un haut personnage de la communauté juive de Riga, dont l'ambassade de Lettonie à Paris m'a indiqué le nom. J'ai l'espoir qu'il m'aide à retrouver les traces des miens.

21

J'adore ces petits mensonges qui fleurissent les sentiers de la mémoire

M.K. a eu la chance de vivre la période de la Shoah en Suède, d'où il a rapporté des sourires coupants d'homme d'affaires très occupé. Dans le bureau de sa société d'import-export, je comprends vite que dix minutes à consacrer à un touriste français, un petit peu juif mais pas assez, venu lui parler de son grand-père et de ses ancêtres, c'était le maximum qu'il aurait été décent d'espérer, entre deux sonneries du téléphone et l'irruption d'une secrétaire brandissant une poignée de papiers à signer. Shalom, quand même !

J'ai tout juste le temps d'apprendre de sa bouche que les Juifs de Riga étaient passés de 45 000, à la veille de la Seconde Guerre mondiale, à 150, à l'heure de la capitulation de l'Allemagne. Aujourd'hui, ils seraient environ 15 000, avec, parmi eux, un nombre appréciable de médecins, de professeurs, de journalistes, d'intellectuels, d'artistes, d'ingénieurs et d'hommes d'affaires. Ils ont des écoles, une synagogue, un théâtre, et, tant bien que mal, ils retrouvent leur identité au sein de la jeune République.

A cet instant de son discours, M.K. louche sur sa montre-bracelet, au cas où je n'aurais pas compris que le moment est venu pour moi de décoller : « Ah, lui dis-je alors, rien que pour voir sa tête, j'ai complètement oublié de vous signaler qu'à Moscou, mon grand-père avait abjuré la foi judaïque et s'était converti à l'orthodoxie... » Il me jette un regard noir mais s'abstient de tout commentaire. Il lui suffit de se lever et de me serrer rapidement la main tandis que je ramasse les brochures qu'il a eu l'obligeance de sortir d'un tiroir à mon intention, ainsi qu'une carte de Riga où sont désignés les principaux sites de la mémoire juive, passée ou présente.

Je n'irai en voir que quelques-uns, la plupart ayant disparu dans les flammes ou sous les bombes et aujourd'hui enfouis sous le béton soviétique, souverainement indifférent, de grandes lignes grises de cages à poule, de blocs de bureaux et d'ateliers ou bien d'une gare ferroviaire, quand ce n'est pas un terrain vague.

Le passé juif de Riga s'est dilué dans la soupe socialiste.

Les nazis allemands et lettons avaient réduit en cendres les sept synagogues, les trente « minyanims » (lieux de rencontre et de prière), les écoles judaïques et tout ce qui portait l'étoile tant honnie, mais cela n'a pas suffi. Prenant à leur façon le relais, les Soviétiques ont fait comme s'il n'y avait jamais eu de Juifs à Riga. Au crime absolu de la croix gammée, l'étoile rouge a ajouté la honte du silence. Plutôt que de conserver, par exemple, un morceau de mur du Vieux Cimetière juif, rattaché au Grand Ghetto, et d'y apposer une plaque à la mémoire des milliers d'hommes, de femmes et d'enfants massacrés en ces lieux, les Soviétiques ont attendu que tout ce qui tenait encore debout s'écroule et, alors, ils ont baptisé cet espace vide : « Le parc de la Brigade communiste ».

La synagogue de la rue Gogola, la plus belle de Riga, où les tueurs du commando Arajs avaient arrosé d'essence et mis le feu à plus de 300 Juifs, a laissé place, après la guerre, à un jardin public, ce qui pouvait se concevoir puisque tout avait disparu. Sauf que la stèle érigée par les

Soviétiques est dédiée aux « Héros soviétiques du travail ». A Rumbala, dans les environs de Riga, où, parmi 30 000 autres Juifs, la mère de ma cousine Adèle et sa tante avaient été exécutées par les nazis, le gouvernement soviétique ne s'est pas fait prier pour apposer une plaque.

Mais, pour ne pas avoir à écrire le mot « Juif », hommage a été rendu aux « Victimes du nazisme ».

*

L'université de Riga, sur le boulevard Raïna où s'affichent les ambassades, est à deux pas des bureaux de M.K. Grand-Père Savely, lors de sa première arrestation à Moscou en 1922, avait signalé dans son CV y avoir fait ses études, du temps où elle portait le nom d'Institut polytechnique de Riga. Cette grosse choucroute, de style néo-gothique, bien dans l'esprit mortadelle « Mittel-europa » des années 1860, sue la dignité et l'ennui savant. Je longe plusieurs couloirs et pousse au hasard quelques portes, sans espoir de pêcher quoi que ce soit d'intéressant, quand, devinant l'étranger un peu perdu, un vieux monsieur charmant engage la conversation — en français. Par lui, j'apprends que sous le régime tsariste l'Institut était le seul à accueillir assez généreusement les étudiants juifs.

Les premiers cercles sionistes y sont nés, à la fin du siècle, et le marxisme a planté là une de ses premières pépinières d'où sortiront quelques éminents bourgeons du menchevisme, de la social-démocratie et, plus tard, du bolchevisme, comme Rafail Abramovitch, Albert Szapotnisky ou Shimon Klavansky.

Les jeunes intellectuels juifs de Riga, comme ceux de Moscou, de Saint-Pétersbourg ou d'Odessa, haïssaient le régime tsariste, et c'est donc tout naturellement qu'ont été célébrées leurs noces rouges avec la Révolution. Ils deviendront les « chouchous » de Lénine, et le fanatisme des Tirailleurs bolcheviques lettons sera donné en exemple du pacte d'amour liant les Enfants d'Israël à ceux de Marx. Une alliance empoisonnée que l'antisémitisme de Staline fera voler en éclats mais qui n'en finira pas, avant longtemps, de coller à la peau de l'intelligentsia juive.

J'imagine Grand-Père Savely au milieu de cette ardente jeunesse, et quelque chose me dit qu'il devait être, heureusement, trop pressé de boucler ses études et d'aller faire fortune à Moscou pour se laisser rattraper par le virus. Le dieu des affaires m'aura au moins épargné le déplaisir d'avoir eu un grand-père bolchevique.

*

Plus bas, au-delà du canal qui perce son chemin au milieu du long ruban vert des parcs, la Vieille Ville ramasse, comme au cœur d'un conte de Grimm, ses ruelles mal pavées, ses murs de guinguois, ses façades peintes en trompe l'œil, ses logis de poupées colorés des plus attendrissants pastels, ses maisons pansues, à l'image des bedaines des marchands de la Hanse qui y vivaient, ses délires Renaissance, Art déco ou même Ancienne Egypte, ses fantaisies décoratives, comme ici le lion suédois qui dévore l'ours russe ou, là-haut sur un toit, deux chats noirs, la queue en l'air et les moustaches retroussées, et puis ses murailles de brique rouge où s'encastrent des boulets de canon russes, et aussi, ses toits coniques, ses flèches d'église aiguisées comme des baïonnettes, et encore, ses cours où grimpent des escaliers moyenâgeux et se blottissent d'adorables échoppes à faire pleurer *Hänsel et Gretel*.

Le vieux Riga est le paradis des marcheurs, des flâneurs qui chaloupent, le nez en l'air, d'un siècle à l'autre.

Je repense tout à coup à une autre ville exquise de conte de fées. En Bavière celle-là, à cinquante kilomètres de Salzbourg : Dachau. La marmite des sorcières n'est jamais loin de la maison de Blanche-Neige, ni le loup du gentil petit Pierre. Je devrais m'en souvenir plus souvent quand je me laisse envahir par mes langueurs germaniques et mes émois slaves.

La synagogue de la rue Peitavis, dont m'a parlé ma cousine Adèle et où je viens de me glisser, a échappé au saccage pour l'unique raison que, située dans une rue de la largeur d'un gros boyau, son incendie aurait dévoré tout le quartier. Les nazis étaient, comme on sait, trop respectueux des vieilles pierres pour ne pas se contenter, après en avoir exterminé les occupants, de la transformer en dépôt de vivres et d'y accrocher leurs saucisses et leurs jambons.

Il me reste à me frotter aux fantômes de la Guilde des marchands où Savely Mazur a été admis, à la fin de ses études. Je retrouve son siège, juste en face des fameux chats noirs, en équilibre sur le toit, posés là parce qu'au XIVe siècle, le propriétaire de la maison, un négociant letton, était furieux qu'on lui ait refusé l'entrée à la Grande Guilde, au prétexte, à ses yeux choquant, qu'elle était réservée aux marchands allemands. Pour manifester son courroux, il avait installé ses chats le dos tourné à la Guilde. Affreusement vexés, paraît-il, les marchands firent comprendre au bonhomme que s'il remettait ses chats dans le bon sens il pourrait être des leurs. L'autre s'exécuta et fut aussitôt admis.

Je n'ai rien d'autre à me mettre sous la dent qui pourrait me rapprocher du jeune Savely, marchand de Riga. Le bâtiment, sanglé dans la grisaille de l'architecture bourgeoise du XIXe siècle, abrite à présent l'orchestre philharmonique, et rien ne subsiste de son passé marchand. D'ailleurs, renseignements pris, il n'est pas sûr que la Guilde était encore en activité dans ces murs au temps de mon grand-père.

Donc, sans hésiter, je transporte mon cher Savely plus haut dans la Vieille Ville, jusqu'à un double bâtiment qui est en train de ressurgir de terre et me tire les yeux de la tête, tant il me plaît. C'est la Maison de la confrérie des Têtes Noires. Ses hautes façades de brique rose, bordées de pierre blanche, sont une réplique hanséatique aux hôtels qui bordent les canaux à Amsterdam.

A partir d'aujourd'hui, dans mes souvenirs, la Maison des Têtes Noires et Savely Mazur, à qui j'offre, en passant, un magnifique bureau au premier étage, lambrissé de panneaux de bois sombre qui sentent bon la cire fraîche, ne feront plus qu'un. J'adore ces petits mensonges qui fleurissent les sentiers de la mémoire.

*

Le vieil homme a le sourire triste et bienveillant des survivants de la Shoah. Il parle un anglais un peu heurté mais avec une telle bonne volonté qu'on s'en voudrait de ne pas le comprendre. Je ne sais s'il est membre du personnel, en tout cas, c'est un familier du Musée et Centre de documentation intitulé « Juifs en Lettonie », ouvert, rue Skolas, par d'anciens déportés, et devenu officiellement cette année une institution publique. Le Centre n'est pas pour autant subventionné par le gouvernement, et ce sont les organisations juives mondiales, dont la Fondation Georges-Soros, qui pourvoient à ses besoins.

« Juifs en Lettonie » et non pas « Juifs de Lettonie » : est-ce un lapsus, un « acte manqué », ou bien, au contraire, une intention délibérée de rappeler que, même réduits à l'état de cendres, les Juifs ne sont pas « de Lettonie » mais « en Lettonie » ?

L'exposition de photographies et de documents que j'ai sous les yeux et qui est consacrée aux grandes figures intellectuelles et artistiques de la communauté juive de Lettonie, victimes du nazisme, est impressionnante par le nombre et la qualité des savants, des philosophes, des personnalités religieuses, des médecins, des chercheurs scientifiques, des architectes, des musiciens ou des peintres, sacrifiés dans la grande tourmente. L'exposition vient d'ailleurs d'être présentée à Bonn, au Bundestag, ainsi qu'à Washington.

Quatre cents ans de présence juive ont de quoi nourrir l'activité de ce centre où je viens de repérer sous une vieille photo le nom de Goldingen (aujourd'hui Kuldiga). « C'est là, dis-je au vieil homme qui s'est offert de me guider, c'est là que mon aïeul le plus ancien, David Mazur, est né en 1797.

— Goldingen ! s'exclame-t-il. Moi aussi, j'ai des ancêtres originaires de Goldingen. C'est, avec Mitau, un des berceaux juifs en Lettonie. »

Enchanté de me découvrir un « pays », j'en profite pour le faire parler du sujet qui, aujourd'hui, me tient le plus à cœur.

« Si vous n'avez pas pu remonter en deçà de la fin du XVIIIe siècle, me dit-il, c'est parce qu'il n'y avait pas eu, jusque-là, d'état civil pour les Juifs. Mais ceux-ci étaient présents à Goldingen depuis bien plus longtemps. La première date certaine, inscrite sur un document, est 1561. Elle est même très tardive par rapport à la réalité. » Enchanté de s'être trouvé un auditeur suspendu à ses lèvres, mon nouvel ami m'embarque dans le sillage des Radanites, dont je découvre du même coup l'existence, qui étaient des marchands juifs commerçant à travers tout le bassin méditerranéen. Ils avaient quitté l'Espagne au XIe siècle et s'étaient installés en Pologne, morcelée alors en une mosaïque de duchés. Les Juifs étaient très nombreux à Cracovie et à Poznan où ils vendaient de la toile, du drap, de la soie, des peaux et aussi le précieux safran. Ils prêtaient de l'argent aux chrétiens, certains étaient devenus banquiers et battaient monnaie.

Mais les croisades ont chassé vers l'est beaucoup de Juifs, à partir du XIIe siècle. La plupart se retrouvant dans la toute proche Lituanie, à Vilnius, à laquelle on donnera plus tard le surnom de « Nouvelle Jérusalem » justifié par la présence de cent synagogues qui seront détruites par les nazis, tandis que les deux cent mille habitants juifs de la capitale seront quasiment tous exterminés.

En plus petit nombre, d'autres Juifs, au cours du Moyen Age, ont poursuivi leur chemin un peu plus loin, jusqu'à l'actuelle Lettonie, pour s'installer en Courlande, en particulier à Mitau et à Goldingen qui n'étaient alors que des villages. Comme en Pologne, les Juifs se sont fait une spécialité de tenir des auberges où ils vendaient aux voyageurs, non pas le gîte et le couvert, mais de l'alcool et du foin pour leurs chevaux. Simples tenanciers, ils travaillaient pour le compte des propriétaires nobles qui prirent ainsi l'habitude de devenir les protecteurs des Juifs.

« Il est possible, me dit mon savant guide, qu'il y ait eu des Mazur en Courlande bien avant votre arrière-arrière-grand-père David, mais cela vous ne le saurez sans doute jamais. Par ailleurs, sa date de naissance — 1797 — coïncide avec le mouvement de migration des Juifs qui, à la fin du XVIIIe siècle, sont nombreux à quitter la Pologne où on leur rend la vie de plus en plus pénible. »

Au milieu du siècle des Lumières, la judéophobie se déchaîne dans une partie de la population polonaise chrétienne : les paysans, les artisans et les étudiants. Le roi Stanislas Auguste Poniatowski a beau être tolérant et même favorable aux Juifs, comme l'ensemble de la noblesse qui à la fois les protège et vit d'eux, il doit se résoudre, sous la pression de son peuple, à interdire aux Juifs, en 1768, de tenir des auberges, de vendre des boissons alcoolisées et même des aliments.

Les commerçants chrétiens, auxquels se joint bientôt la bourgeoise naissante, les accusent de ruiner le commerce et, pis encore, d'être malhonnêtes. On interdit aux tailleurs de travailler pour les chrétiens, de vendre du tissu au détail, et tous sont pressurés par le fisc qui invente même une taxe sur les livres saints, à tel point que non seulement les Juifs ne prêtent plus d'argent mais qu'ils n'arrivent pas à rembourser leurs dettes. Traités en parias, ils se trouvent coupés du pays où pourtant ils sont installés depuis des siècles. Les fables les plus folles courent sur leur compte. On raconte que pour être un bon Juif il faut tuer au moins un chrétien au cours de sa vie, et on va même jusqu'à inventer des cas de vampirisme : il y a des Juifs qui boivent le sang des chrétiens pour subtiliser le safran et le poivre qui s'y trouvent, donnant force et richesse. Ces contes à dormir debout pourraient faire sourire, mais la haine contre les Juifs ne se contente pas de mots. Elle se traduit, dès 1790, à Varsovie, par des pogroms sanglants. Aussi, au moment du troisième partage de la Pologne, en 1795, qui met fin à la République polono-lituanienne et ne laisse qu'un petit royaume indépendant (sous influence russe), nombreux sont les Juifs de Pologne à se réfugier sous des cieux plus cléments : ceux de la Lituanie, de la Courlande, de la Biélorussie et de l'Ukraine, désormais intégrés à l'Empire tsariste.

*

Mon interlocuteur peut-il m'éclairer sur l'origine du nom Mazur, dont je saisis mal qu'il pourrait être juif ?

« Détrompez-vous, me répond-il. Mazur, qui peut s'écrire aussi bien Mazure, Masur, Masure ou Masour, figure en bonne place sur la liste des patronymes juifs. Il provient, évidemment, de la Mazurie, le pays des mille lacs et de la mazurka, cette magnifique région au nord-est de la Pologne, à la frontière lituanienne, proche de la Bialowieza où se trouvent les derniers bisons et chevaux sauvages d'Europe. Comme un peu partout, de nombreux Juifs de Mazurie ont pris pour nom le lieu où ils habitaient. Vous pouvez donc être certain que vos ancêtres étaient originaires de cette région où ils sont peut-être arrivés bien avant le XVIIIe siècle, mais comment savoir d'où ils venaient puisque vous ignorez quel était leur nom avant qu'ils prennent celui de Mazur ? Peut-être d'Espagne. Ou bien... ou bien... »

Il a laissé sa phrase en suspens, et à son expression, je vois qu'il ne manifeste pas l'envie de poursuivre.

« Que voulez-vous dire ?

— Non, non, rien de particulier... », fait-il, l'air visiblement embarrassé. Puis, sur le ton de la confidence, il lâche : « Vous avez entendu parler des Khazars ?

— Oui, très vaguement. Ce ne sont pas ces Juifs venus du sud de la Russie qui n'étaient pas vraiment des Juifs mais des Turcs, ou je ne sais quoi d'autre, et qui auraient essaimé dans le Nord ?

— Oubliez cela, ce n'est qu'une légende entretenue par des antisémites. Rien de sérieux, en vérité. »

Je n'en saurai pas plus, et n'ayant rien lu sur le sujet de ces mystérieux Khazars, je me garde d'insister.

22

Ces fourgons qui emportaient avec eux les germes du nazisme

Savely Mazur est à quarante-cinq minutes de route, dans sa bonne ville de Mitau, mais, en chemin, je tombe sur Cagliostro, Casanova et Talleyrand. Il est difficile, dans ces conditions, de ne pas mettre pied à terre.

Dieu qu'il est joli le « petit pays du bon Dieu » !

Ainsi nommait-on jadis le duché de Sémigalle-Courlande où Rundale, le plus exquis des châteaux de la Baltique, vient de se refaire une beauté après des années de malheur. Imaginez, au milieu de la platitude d'une campagne à vache, à trèfle et pomme de terre, à une petite centaine de kilomètres au sud-ouest de Riga, une parenthèse de civilité éclairée, comme savait en fabriquer le XVIIIe siècle français et pétersbourgeois.

Au bout d'une grande allée, bordée d'ormes et flanquée de ravissantes écuries roses et blanches, en demi-cercle, la boîte à ouvrage — ou à bijoux, si l'on préfère — est là, derrière ses grilles surmontées de lions couronnés, toute pomponnée sous le regard possessif d'une aigle bicéphale qui a posé ses griffes sur la plus culottée des devises ducales : « Fidélité et jalousie ».

Initié par le signor Bartoloméo Francesco Rastrelli,

inventeur du pétaradant rococo franco-italo-russe d'où ont jailli l'Ermitage et le palais d'Hiver de la Grande Catherine, le chantier du palais de Rundale a occupé pendant une trentaine d'années, jusqu'en 1768, quelque 1 500 ouvriers et artisans d'art qui ont gavé les 138 chambres, salons, salles du Trône ou de bal, de moulures savantes, de corniches, de palmettes, de stucs, de dorures somptueuses, de marbres et de cabinets de porcelaine, d'une facture rien moins que « petite province ». Un bijou ciselé sur commande d'un fils de palefrenier dont la mâle beauté avait tourné la tête d'Anna, impératrice de Russie et nièce de Pierre le Grand, au point de faire de ce rustre, violent, grossier et corrompu, son amant officiel.

On y vit passer, ensuite, son fils Pierre et, surtout, sa richissime épouse d'origine allemande, Anne-Charlotte, duchesse de Courlande, qui, toujours prête à ouvrir ses draps aux beaux messieurs et toquée de la France, de ses artistes et de ses comédiens, fit de Rundale un relais des belles manières versaillaises où l'on fêtait les brillants cascadeurs en route pour Saint-Pétersbourg, comme Cagliostro ou Casanova. Dans sa fièvre francophile, elle donnera sa fille de quinze ans, Dorothée, duchesse de Dino, à Edmond de Périgord, neveu de Talleyrand, qui, après avoir honoré la mère, installera à son chevet son « petit marsouin » de nièce, de trente-neuf ans plus jeune que lui.

*

Au bout de la grande allée, je me retourne une dernière fois vers la silhouette délicieusement civilisée de la résidence des dames de Courlande et laisse voguer le souvenir d'une très ancienne conversation.

Des drapeaux de fumée noire montent tout autour de moi. Les écuries, si jolies, ne sont plus que ruines. Et là-bas, portes défoncées, fenêtres arrachées, toits écroulés, façades criblées de balles, le château a cessé de vivre, tandis que les bois qui l'entourent achèvent de se consumer, jetant une grande lueur rougeoyante sur la campagne enneigée.

En cette fin d'année 1919, la Courlande, le berceau de mes Mazur, est une torche qui s'éteint.

Les corps francs de la division de Fer et les Russes blancs du « prince-colonel » des Tcherkesses, Awaloff-Bermondt, grelottant de froid dans leurs vieilles loques, leurs bottes trouées, leurs casques d'acier ou leurs casquettes à tête de mort, viennent d'évacuer le secteur de Mitau et font retraite vers la Lituanie, traqués par les divisions lettones équipées de frais et armées par les Anglo-Français.

L'épopée sauvage et romantique du Baltikum, qui aura ensanglanté la Courlande pendant toute une année, est en train de sombrer dans une longue marche sous la neige, ponctuée par les gémissements des blessés et le grincement des fourgons, emportant avec eux les germes du national-socialisme. Je n'ai pas besoin d'en chercher le récit dans les livres. Un témoin, assez exceptionnel, Ernst von Salomon, m'en a brossé le tableau, quarante-huit ans plus tôt, dans le salon cocasse d'un chalet suisse, égaré au fond d'une cour de la rue de Passy où je venais l'interviewer, un après-midi du printemps 1952.

23

Le commissaire aux Affaires étrangères écrit au pape : « On m'a volé la clé des w-c »

Il me suffit de me relire pour revoir à travers mes notes le petit homme rond et malicieux au béret, à la pipe et au grand rire qui est l'auteur de deux des plus puissants romans-reportages de cette première moitié du siècle — *Les Réprouvés* et *Les Cadets* — et vient de publier en Allemagne un livre-événement de huit cents pages, *Le Questionnaire*, où il étale sans complaisance l'imbécillité qui peut frapper vainqueurs comme vaincus.

C'est une réponse aux 131 questions que lui ont posées en 1945 les Américains durant sa « cure de dénazification », d'où il a été relâché quinze mois plus tard, avec des excuses, après que l'on s'était enfin aperçu qu'il n'y avait rien à reprocher à ce personnage de légende. La version française du *Questionnaire* est en préparation chez Gallimard, et Roger Nimier m'a confié le soin d'interviewer Ernst von Salomon pour un prochain numéro d'*Opéra*.

Je relis à la hâte *Les Réprouvés* et me trouve encore sous le choc de ce morceau de bravoure désespérée : « Nous étions comme des chiens enragés. Nous courions derrière les Lettons qui filaient comme des lièvres. Nous incendiions toutes les maisons, nous détruisions tous les ponts, coupions les poteaux télégraphiques et lancions les cadavres au fond des puits. Partout où nous allions, il ne restait plus que des cendres. Nous avions allumé un grand bûcher où nous avons jeté aussi nos espoirs et nos dernières croyances, avec tout le bric-à-brac de la bourgeoisie et du *monde* civilisé qui traînait encore dans nos cœurs. »

Je veux absolument entendre, maintenant, de la bouche de son auteur, au moins quelques bribes de cette odyssée à laquelle les manuels d'histoire n'accordent que quelques lignes, alors que c'est toute la tragédie de l'Europe, entre nazisme et communisme, qui se met là en branle, dans la lumière blanche de la Baltique.

L'homme au béret ne se fait pas prier. Il adore parler (son français est parfait), rire ou même rigoler, siffler de bonnes bouteilles et, entre deux grosses blagues, ressusciter les morts. C'est avant tout un homme d'honneur. L'autre jour, au Pays basque, un contrebandier lui a dit : « Voyez-vous, Monsieur, les Basques ne sont ni une race, ni une nation. Il y a des Basques français, d'autres espagnols, et tous sont des hommes d'honneur. Vous, monsieur von Salomon, vous êtes un Basque allemand. »

La *Weltanschaung*, la fameuse conception du monde que tout bon Allemand se doit de tricoter le soir, au coin du feu, il s'en fiche. Tout au plus égrène-t-il, avec gourmandise, cette pensée qui le dépeint tout entier : « Puisque la vie est un songe, la mort est là pour nous réveiller. »

Sarcastique comme Swift, cru comme Maupassant, possédé comme Cervantès, macabre et drôle comme Malaparte, il raconte sa vie en la saucissonnant en autant de petites histoires qui font rire ou frémir, comme si, mises bout à bout, elles n'écrivaient pas le Grand Livre de l'Histoire, tumultueuse et sans espoir.

D'emblée, il me met en garde : « Je ne suis pas un historien. Les historiens sont des prétentieux qui croient dire la vérité parce qu'ils prennent au sérieux la leur. Ce qu'ils appellent l'Histoire est une suite d'erreurs, de souvenirs mélangés, de mensonges volontaires ou involontaires, de fragments, de miettes, d'interprétations hasardeuses, et, au milieu de ce naufrage, flottent quelques épaves où s'accrochent des lambeaux de vérité. L'honnêteté consiste à livrer le tout en vrac, sans prétendre à quoi que ce soit d'autre. Tout cela pour vous dire que, si j'ai vécu intensément et activement cette période étrange et compliquée de l'histoire de l'Europe, je me refuse à en être l'historien. »

Après cette profession de foi, il se met à rire : « Au moins, vous voilà prévenu ! Roger Nimier, que j'estime et qui n'est pas si éloigné de mes *Réprouvés*, ne vous dira certainement pas le contraire. Il est probable qu'on retiendra son *Hussard bleu* comme un témoignage sur l'atmosphère de l'occupation française en Allemagne, où il n'a pas mis les pieds, plus fidèle que la plupart des reportages. »

A un homme de sa trempe, il va de soi de lui demander : « Etes-vous fier d'être un aventurier ?

— Moi, un aventurier ? s'exclame-t-il. On m'a fait cette réputation mais c'est stupide. Je suis un bourgeois européen, et la vraie aventure, aujourd'hui, est d'être bourgeois. »

*

Va pour « bourgeois » !

C'est donc un bourgeois prussien de dix-sept ans (descendant de croisés vénitiens qui ont rapporté d'Orient ce patronyme biblique) qui, alors qu'il est encore élève à l'Ecole des cadets, assiste en décembre 1919, dans une Allemagne affamée et en proie aux convulsions de la révolution, au retour des troupes, désemparées par l'annonce de l'armistice.

A leurs yeux, c'est une injustice, une honte, car ni les hommes ni les officiers n'ont le sentiment d'avoir perdu la guerre.

D'ailleurs, Ebert, le chancelier socialiste modéré de la jeune république de Weimar, ne vient-il pas de leur adresser ces paroles qui, par la suite, feront leur chemin : « Je vous salue, vous, qu'aucun ennemi n'a vaincus » ?

Berlin est aux mains des Rouges, des fameux spartakistes de Karl Liebknecht et Rosa Luxemburg, celle que, dans leurs rangs, on surnomme affectueusement « la Rose rouge ».

Un premier corps franc, un Freikorps, se forme qui fait appel aux volontaires. Quinze cents sous-officiers qui ont résolument choisi la guerre pour métier vont défiler sur Unter den Linden.

« Un élan sauvage, comme l'a dit mon ami Ernst Jünger, s'est emparé de tous ceux qui n'acceptaient pas la défaite. Puisque l'Allemagne n'existe plus, nous allons la faire exister. Elle sera là où nous nous battrons pour elle. Aussi bien dans les rues de Berlin que sur les rives de la Baltique, dans ce Baltikum des barons allemands, des fermiers allemands et des chevaliers Teutoniques. C'est décidé, je serai de ce combat-là. Je quitte donc l'Ecole des cadets pour la vraie vie des corps francs, chez les Chasseurs du général Märker. »

En janvier 1919, un spectacle d'apparence farfelue s'offre à la vue des Berlinois. En tête des volontaires de la brigade de Fer et de la Garde montée, bottés et casqués, s'agite un petit homme en bottines, chapeau mou et lunettes de métal. Il donne des ordres. Visiblement, c'est lui le chef.

Il se nomme Gustav Noske. Ancien bûcheron, il fait office de ministre de la Guerre. Le brave président Ebert lui a donné carte blanche, et comme Noske est un homme à poigne, il n'y va pas par quatre chemins. Les corps francs font merveilleusement son affaire et arrivent à point nommé pour rétablir l'ordre.

Les Rouges sont rapidement balayés des rues de Berlin. Liebknecht est liquidé, et le corps de Rosa Luxemburg balancé dans les eaux du canal.

La patte d'acier des corps francs s'abattra ensuite sur les mineurs en grève de la Ruhr, et, dans toute l'Allemagne, les volontaires afflueront « pour défendre les frontières des Marches de l'Est », et former une armée parallèle à celle prévue par le traité de Versailles.

A Berlin, le groupe spartakiste — qui s'est transformé en KDP (parti communiste allemand) — lance un ordre de grève générale. Noske appelle les corps francs qui, cette fois, interviennent avec des chars, des mitrailleuses lourdes et des lance-flammes. Sans le moindre état d'âme, ils hachent du Rouge, comme si c'était de la viande de bœuf.

Devant le siège de la police, sur Alexanderplatz, les combats sont d'une sauvagerie inouïe, des deux côtés. Chez les seuls communistes, plus de mille morts et dix mille blessés. Beaucoup moins en face, où les hommes sont des professionnels bien équipés.

A Munich, les communistes ont arraché le pouvoir aux socialistes majoritaires, et un climat de totale folie règne dans la capitale bavaroise.

« Leurs chefs, qu'on surnomme “ les Russes ”, raconte von Salomon, font la bringue avec des filles, dans les salons du palais des Wittelsbach. On dit d'eux que ce sont des “ communistes de comptoir ”. Ils n'ont aucune idée de ce que signifie le “ pouvoir ” et prennent des décisions extravagantes, comme de laisser les étudiants choisir leurs professeurs et le contenu de leurs cours.

« Le commissaire chargé des Affaires étrangères sort d'un asile psychiatrique. Il écrit au pape pour se plaindre d'un autre commissaire qui lui aurait volé la clé des w-c. En ville, vingt mille hommes armés à brassard rouge font régner la terreur. Ils pillent les magasins et les coffres de la Reichsbank qu'ils vident jusqu'au dernier pfennig. Il est vrai que le nouveau chef de la police sort tout droit de prison où il était enfermé pour escroquerie. »

Le gouvernement « majoritaire », ou du moins ce qu'il en reste, lance un SOS en direction de Noske qui, selon une fatalité dont les socialistes au pouvoir sont assez communément accablés, a pris goût à la manière forte.

Le 1er mai, trente mille corps francs, casqués d'acier ou portant sur leur casquette une tête de mort en argent, battent le pavé munichois de leurs semelles cloutées. L'affaire se règle vivement, à coups de canon et au lance-flammes. Les Rouges massacrent leurs otages, et les corps francs ne font pas de quartier.

Du côté des communistes, le bilan est de plus de mille morts. L'ordre règne à Munich. A la tête du corps franc de Regensburg, un jeune officier s'est particulièrement distingué par de grandes qualités d'organisateur. Ou de « führer », comme l'on dit maintenant dans ces troupes d'élite. Il se nomme Rudolf Hess. Il aura l'occasion de faire reparler de lui.

Le commandement militaire s'est adjoint un nouveau chef d'état-major : un héros de Verdun qui commande le corps franc von Epp. Un certain capitaine Ernst Röhm, qui ne prête encore aucune attention à l'un de ses sous-officiers, un petit caporal prénommé Adolf. Ce dernier, qui porte la drôle de moustache en vogue dans les tranchées, le fera assassiner quinze ans plus tard, lors de la Nuit des longs couteaux.

« Avec mes camarades du corps franc, poursuit von Salomon, nous sommes partis pour le Baltikum. J'avais dix-sept ans. Nous n'avions plus d'empereur, nous avions perdu notre patrie et nous allions, sans pitié pour les autres ni pour nous-mêmes, en conquérir une autre sur la Baltique, là où sept cents ans plus tôt, le Germain était venu défier le Slave, sur la route de l'ambre. Les officiers recruteurs avaient promis à chacun de nous quatre-vingts arpents de terre. Nous y croyions tous. Nous ne nous étions pas engagés pour devenir propriétaires, mais la promesse d'une terre avait une énorme importance à nos yeux. Nous pouvions donner une réalité à notre rêve de nouvelle patrie. Plus tard, on fera croire que nous étions portés par la haine du bolchevisme. C'est faux. Nous venions affirmer nos droits sur une terre germanique, et le communisme ne nous faisait pas horreur. D'une certaine manière, il nous fascinait. Nationalistes, nous étions des révolutionnaires et, pour beaucoup d'entre nous, très proches du socialisme. Pas celui, mou et impuissant, de notre lamentable république de Weimar, mais un socialisme national, fort, juste et efficace.

« Le national-socialisme ? Oui, ce vocable aurait pu exprimer notre idéal, mais Hitler, dès le départ, l'a complètement dévoyé avec sa folie antisémite, sa mégalomanie et son absence totale de morale. C'est pourquoi, avant même 1933 et son arrivée au pouvoir, je me suis mis à l'écart, car je devinais ce qui nous attendait avec de pareilles gens. »

Ernest von Salomon s'arrête un instant pour siffler un nouveau verre de vin blanc, puis il reprend le cours de son récit : « On ne comprend rien à l'histoire de l'Allemagne si l'on ne saisit pas les liens profonds et ambigus qui ont toujours existé entre nous et la Russie. Savez-vous que c'est sous l'uniforme de l'armée du tsar que notre grand Clausewitz a servi ? Les sympathies des Romanov pour les Allemands se sont propagées jusque dans les rangs de l'état-major tsariste. En 1917, le général qui commandait sur le front de Riga et aurait pu enfoncer les lignes allemandes, avec l'appui des troupes lettones, a reçu une dépêche de la tsarine Alexandra, lui disant : “ Général, ne vous emballez pas ! ” Au lendemain de la révolution d'Octobre, il s'est produit une alliance de fait entre les bolcheviques lettons et les Allemands, afin de démoraliser les troupes russo-lettones et créer une armée “ populaire ” où les camarades allemands et les camarades russes se seraient retrouvés au coude à coude.

« Rappelez-vous aussi que, après l’entrée en vigueur du traité de Versailles, le haut état-major allemand, qui refusait de se plier à ses conditions humiliantes, était prêt à s’allier avec l’Armée rouge contre les Alliés. Ce n’est pas un hasard non plus si, en 1920, quand Röhm transforme les corps francs en SA, les volontaires communistes se rallient par dizaines de milliers. On leur donne même le surnom de “ biftecks nazis ”, parce que, dit-on, ils sont bruns à l’extérieur et rouges à l’intérieur.

« Peut-être l’ignorez-vous, mais dans le second traité de Rapallo en 1922, qui normalisait les relations entre l’Allemagne et la Russie des soviets, il y avait une clause secrète instituant une collaboration militaire entre la Reichswehr et l’Armée rouge. De nombreux officiers et techniciens allemands ont été entraînés en Russie au maniement des armes interdites par le traité de Versailles.

« Quand, en 1933, se sont ouverts les premiers camps de concentration, des délégations nazies sont allées apprendre en Union soviétique les “ bonnes méthodes ”, appliquées depuis plus de dix ans, en Sibérie et dans la mer Blanche par le NKVD. La collaboration du rouge et du brun s’est poursuivie de plus belle entre les deux états-majors, avant et après 1939. N’oubliez pas que Staline a aidé à armer les divisions de panzers qui envahiront votre pays en mai 1940 et qu’il remettra à la Gestapo les communistes allemands qui avaient eu la naïveté de se réfugier en Russie. Dans le même temps, quand Hitler et Staline se sont partagé la Pologne, le NKVD et la Gestapo ont travaillé ensemble au plan d’extermination des Juifs polonais. »

*

Quand le jeune von Salomon arrive en Lettonie au printemps 1919, la situation frôle l'ubuesque. Six mois plus tôt, alors que des soviets de soldats, encouragés en sous-main par les bolcheviques russes, ont surgi au sein des troupes allemandes de la Baltique, l'Armée rouge a occupé Riga et proclamé une république soviétique de Lettonie. L'application radicale du marxisme-léninisme, beaucoup plus rigide qu'à Petrograd, a débouché rapidement sur une grande famine qui a décimé près de dix mille habitants de Riga et provoqué l'intervention des forces anglo-françaises, qui ont chassé les Soviétiques.

Simultanément, les barons baltes allemands, propriétaires d'une grande partie des terres, qui réclamaient le rattachement de la Lettonie à l'Allemagne, mobilisent leurs fermiers en des unités de défense. Un premier corps franc, la brigade du major Bischoff, rassemble six cents volontaires. Malgré cela, les Rouges réussissent à reprendre Riga et Mitau. Les Alliés, qui n'ont aucune envie de s'impliquer davantage, prennent une décision plutôt singulière mais commode : ils confient au général-comte von der Goltz, commandant en chef des troupes allemandes de la Baltique, le soin d'entreprendre la reconquête. Le « Vieux Loup gris », comme on surnomme ce guerrier infatigable qui, en 1918, a expulsé les Soviétiques de Finlande, dispose de vingt mille hommes, avec la brigade de Fer et la Landswehr des barons baltes.

« Quand nous arrivons sur le terrain, poursuit von Salomon, Mitau vient d'être repris aux bolcheviques. Les habitants allemands ont subi, tout au long de l'occupation rouge, un véritable martyre. Familles entières massacrées, femmes et jeunes filles violées à répétition, otages enchaînés à des chevaux lancés au galop... Les squelettes des ducs de Courlande, tirés de leurs tombeaux et coiffés d'un casque allemand, servaient de cible aux tirailleurs de l'Armée rouge. Il est sûr que ce climat d'hystérie collective ne nous a pas rendus indulgents. »

La difficulté est que le gouvernement provisoire letton d'Ulmanis, bien que ravi de pouvoir compter sur l'armée allemande contre les Soviétiques, refuse d'accorder quoi que ce soit à la population germano-balte qui réclame une représentation plus conforme à son importance. Alors, un des chefs de la Landswehr, qui porte un des grands noms de Courlande, Hans von Manteuffel, kidnappe les membres du gouvernement Ulmanis. Sous la pression des Britanniques, l'affaire tourne court et le général von der Goltz est sommé par Berlin de ne plus mener d'action offensive. Ses plans étaient, pourtant, bien tracés. Après avoir reconquis Riga et le reste de la Lettonie, il foncerait sur Petrograd — l'ex-Saint-Pétersbourg — et, avec l'aide de Russes blancs, rétablirait le pouvoir tsariste.

« Nous en avions les moyens, insiste von Salomon. Le destin de l'Europe et du monde s'en serait trouvé changé. Mais, à l'ouest où, comme d'habitude, on se laissait bercer d'illusions, personne ne croyait en la pérennité du bolchevisme. On n'allait tout de même pas, en plus, donner à l'Allemagne l'occasion d'une telle revanche et d'une pareille victoire !

« Malgré tout, les corps francs, avec l'accord tacite du haut état-major, à Berlin, ont poursuivi le combat, et, à la fin mai, nous prenions Riga.

« L'Armée rouge avait reçu l'ordre, avant d'évacuer la ville, de tuer tous les prisonniers, civils ou militaires. Comme les soldats rouges ne se décidaient pas à lancer le signal du massacre, ce sont les femmes soviétiques qui se sont mises au boulot, avec une férocité inimaginable.

« De notre côté comme de celui des Baltes, les représailles n'ont pas été tendres. A Riga et à Mitau, plusieurs milliers de Rouges ont été passés par les armes. »

Fin juin 1919, le gouvernement de Weimar ayant fini par se décider à signer le traité de Versailles, les corps francs doivent, la rage au ventre, évacuer Riga et renoncer à recruter de nouveaux volontaires. Les Alliés vont jusqu'à mettre à la tête de la Landswehr le colonel britannique Alexander, celui-là même qui combattra Rommel et sera fait comte de Tunis !

« Au début d'août 1919, poursuit von Salomon, les Alliés ont ordonné la destitution du général von der Goltz et le rapatriement de nos troupes vers l'Allemagne. Nous étions volés de notre victoire. Mais alors un événement incroyable s'est produit.

« Le 24 août 1919, dans la gare de Mitau... »

24

Un beau voyou, ce colonel des Tcherkesses

« ... Le 24 août 1919, reprend Ernst von Salomon, qui ne laisse paraître aucune lassitude, alors que notre entretien dure depuis plus de deux heures, les hommes de la division de Fer, complètement démoralisés, s'apprêtent à monter dans le train qui doit les reconduire en Allemagne, quand le commandant Bischoff surgit, hors d'haleine, au bout du quai. Agitant les bras, il hurle : “ La division de Fer ne partira pas ! C'est un ordre ! ”

« Portant leur chef en triomphe, soldats et officiers partent défiler à travers la ville, brandissant des drapeaux et des flambeaux dans une atmosphère de fête. L'armée du Baltikum, en rébellion ouverte, n'obéira plus qu'à ses propres chefs.

« Très vite, des milliers de volontaires, accourus depuis l'Allemagne, nous rejoignent. Alors, apparaît un personnage extraordinaire, extravagant, comme en produisent spontanément les situations peu ordinaires... »

Un condottiere russe, au passé mystérieux, qui se dit prince et colonel. Chez lui, tout est louche, y compris son nom : Awaloff-Bermondt.

Il a, en tout cas, une allure folle, avec sa toque d'astrakan des régiments tcherkesses, sa blouse de soie noire, boutonnée haut sur le cou, ses moustaches retroussées, ses yeux de rapace, sa batterie de médailles, ses deux poignards, sa garde d'honneur qui ne le quitte pas d'une semelle, son verbe haut et ses déclarations enflammées qui chavirent tous les esprits.

On apprendra plus tard, sans certitude d'ailleurs car le bonhomme est tellement menteur qu'on ne peut même pas croire le contraire de ce qu'il dit, on apprendra qu'il n'est pas plus prince qu'Awaloff et se nomme en vérité Bermann.

Officier de rang subalterne dans les bureaux de l'armée tsariste, il se serait trouvé en 1918 à Loutsk, en Volhynie, au moment de l'arrivée des soldats allemands, et les aurait bluffés en se prétendant ancien aide de camp du tsar Nicolas II. Du coup, il parvient à se faire nommer gouverneur de la ville et s'autoproclame colonel des Tcherkesses.

Un pur régal, ce beau voyou.

Le colonel-prince réussit à se faire prendre également au sérieux par l'état-major allemand et le ministre de la Guerre, Noske, qui mettent à sa disposition de fortes sommes d'argent et toutes facilités afin de recruter des volontaires pour le front de la Baltique.

Le général von der Goltz, furieux d'avoir été empêché de lancer l'offensive en direction de Petrograd pour faire tomber le régime des soviets, ne voit qu'une chose : le colonel-prince a réussi à rassembler près de vingt-cinq mille volontaires. Il accepte donc la proposition d'Awaloff-Bermondt : « Ne renvoyez pas vos troupes en Allemagne, et incorporons-les dans l'armée de la Russie de l'Ouest que nous créons. »

« En grande pompe, poursuit von Salomon, nous recevons la nationalité russe, avec une cocarde de l'armée tsariste que nous mettons juste au-dessous de notre cocarde de l'armée allemande. Nous avons droit à une ration de vodka quotidienne, et notre solde nous est versée en billets, imprimés par Awaloff-Bermondt. Ils n'ont évidemment aucune valeur. Il fait fabriquer également des timbres-poste que, plus tard, les collectionneurs s'arracheront. »

Début octobre 1919, c'est, malgré tout, une véritable armée, forte de quarante mille hommes, dont douze mille Russes blancs, qui, de Mitau, marche sur Riga.

« Devant Riga, reprend von Salomon, nous avons affaire aux tirailleurs lettons du gouvernement Ulmanis. Ils ont bien changé. Ce ne sont plus les lions qui se battaient pour l'indépendance de la Lettonie. Travaillés par la propagande bolchevique, antimilitariste et internationaliste, ils ne savent plus pourquoi ni pour qui ils se battent. A la mi-octobre, nous occupons la rive gauche de la Dvina, et Riga est sur le point de tomber entre nos mains.

« Un de nos obus pulvérise par erreur une chaloupe de l'escadre anglaise qui croise à l'embouchure de la Dvina. Les Alliés, qui en ont assez des corps francs allemands, se saisissent de l'occasion. Un croiseur britannique, accompagné de plusieurs avisos français, déclenche un déluge de feu contre nous. Les dégâts sont considérables et, du coup, les tirailleurs lettons, le moral regonflé à bloc, lancent une contre-attaque victorieuse. L'Armée Russe de l'Ouest, sérieusement éprouvée par son mouvement de retraite, est dans un état lamentable. Le thermomètre est tombé, d'un coup, sous –15 °C, les blessés meurent, faute de médicaments, les vivres fondent à vue d'œil, et nous devons déterrer des pommes de terre gelées pour ne pas mourir de faim. Pourtant, nos camarades s'accrochent avec un courage extraordinaire. Pas un ne songerait à rendre les armes.

« Mais Berlin, une fois de plus, nous laisse tomber et exige le retour des corps francs en Allemagne. C'est la fin. »

Non, pas encore. Il se trouve, à nouveau, un homme providentiel pour forcer le destin. Un homme de fer.

Le 24 août dernier — il y a donc un peu plus de deux

mois —, l'homme providentiel se nommait Bischoff, et c'était à Mitau.

Aujourd'hui, 9 novembre, il s'appelle Rossbach et c'est encore à Mitau.

Il a vingt-cinq ans, il est lieutenant d'artillerie, et, en cet instant précis, drapeau noir frappé d'un grand R d'argent flottant au vent, il fait son entrée à la tête de 950 corps francs casqués dans la « capitale » de l'ancien duché de Courlande, sous les acclamations d'une population allemande dont on imagine la joie.

Gerhard Rossbach et ses hommes viennent d'accomplir un périple assez inouï. Secrètement, il est parti vers l'est, avec quelque 400 hommes, chargés de leur matériel. Malgré un mandat d'arrêt lancé contre lui, il a réussi à parcourir en vingt jours, avec sa troupe, ses chevaux, ses armes et ses munitions, les mille kilomètres le séparant du front de la Baltique. En route, il a plus que doublé ses effectifs, en ramassant des volontaires.

A Mitau, il ne s'attarde pas. Il s'élance au secours de la division de Fer, encerclée par les tirailleurs lettons, dans les environs de Riga. Il force le passage. Rien ne semble devoir l'arrêter.

Le courage, toutefois, ne peut l'emporter sur le nombre. La disproportion est écrasante avec les forces lettones qui ont retrouvé leur tonus et ne font pas de quartier. Quand des Allemands leur tombent sous la main, c'est le carnage. Les prisonniers ne sont pas seulement abattus mais souvent suppliciés. Bientôt, il ne restera plus que Mitau à demeurer encore aux mains des corps francs.

« Après de terribles corps à corps, raconte von Salomon, il n'y avait qu'une solution pour échapper à l'encerclement, c'était de mettre le feu à la ville. L'embrasement a été tel que, même dans la campagne, plongée dans la nuit, on y voyait comme en plein jour. C'était... »

Pas l'ombre d'une émotion ne glisse sur son visage, et le reste de la phrase, un instant suspendu dans l'air, disparaît, sans revenir. Cet homme a, une fois pour toutes, cadenassé sa tristesse, sa nostalgie, sa colère, peut-être même ses remords. Il ne s'autorise à afficher que le rire et la gaieté. Le reste est son jardin secret.

« Voilà, reprend-il, le grand rêve du Baltikum, c'était fini. Au retour, certains ont rejoint les rangs des communistes, et la plupart, bientôt, s'engageront dans la SA de Röhm. Nationalistes-révolutionnaires, comme je l'étais moi-même, ils étaient persuadés d'avoir pris le bon chemin. Durant la nuit du 30 juin 1934, les SS se sont chargés de les dégriser, en les abattant comme du bétail pestiféré. Hitler, pour toute oraison funèbre, les traita, en hurlant devant le Reichstag, de nihilistes, de conspirateurs-nés et d'aventuriers. »

Ernst von Salomon s'arrête une seconde, l'air songeur :

« Au fond, Hitler n'était rien d'autre qu'un criminel petit-bourgeois qui aimait l'ordre. »

25

Le marché aux ancêtres

Il y aurait beaucoup de choses à raconter sur la gare de Mitau. J'imagine les voir à travers les yeux de ma cousine Adèle, qui n'a pas oublié les récits que sa mère lui faisait de sa propre jeunesse, au milieu de ses frères et sœurs.

Pour de la belle ouvrage, c'est de la belle ouvrage. Une gare à la prussienne, raide dans ses bottes. Il n'y manque que la moustache de Bismarck et les favoris de l'empereur Guillaume.

Mais sur les quais où la locomotive luisante comme une bassine de cuivre vient d'arriver en sifflant et en rotant sa fumée noire, c'est la Russie. Ce sont le parfum, la couleur de la Russie des tsars qui s'enroulent et se déroulent dans le va-et-vient de la foule, avec ses vestes blanches d'officiers, ses barbes rondes de vendeurs de vodka, ses casquettes plates d'étudiants, ses robes de dentelle de dames au petit chien et ses ombrelles agitées gaiement à bout de bras par des Natasha amoureuses.

Depuis que Mitau se fait appeler Yelgava, les antiques souvenirs se sont, hélas, figés dans la purée grise d'une sous-préfecture ex-soviétique, sans queue ni tête, où les rues s'évanouissent dans la boue d'un chemin de campagne, et où les supérettes aux vitrines glauques ont l'air d'avoir été lancées en l'air sans que personne se soit soucié de savoir où elles allaient retomber. L'hôtel — le seul « touristique » de la ville — bâille d'ennui sur deux étages d'un immeuble qui relève plutôt d'un no man's land en ciment. Les délires rouge, noir, blanc ou brun en ont fait voir de toutes les couleurs à cette malheureuse ville où je cherche en vain une quelconque trace des jours ensoleillés et heureux de la tribu des Mazur. En revanche, je trouve leur nom dans l'annuaire : cinq Mazure, quatre Mazur, un Mazûre et une Mazurka. A quoi bon composer leur numéro puisque mes Mazur à moi sont partis en fumée ?

Des temps immémoriaux de sa splendeur, Yelgava n'a conservé que deux sourires. L'un, on vous le met sous le nez avec une pétulance un peu tape-à-l'œil, c'est la cathédrale orthodoxe, en bordure d'une large avenue, idéale pour y faire défiler les chars le 1er mai, qui tend sa papillote d'or et d'émeraude avec une joie si évidente qu'on s'en voudrait de lui gâcher son plaisir. L'autre n'est qu'un sourire aux trois quarts effacé, un assez triste reste de sourire. Il nous vient de l'immense, de l'interminable palais Rastrelli qui retient, au-dessus du cours large, moussu et dormant de la Lielupe survolée par des corbeaux à dos gris et des hérons cendrés, ses centaines de pièces, dont le futur Louis XVIII eut tout le temps de son exil pour les meubler.

Il disposa en effet de près de trois ans avant de se voir expédier à Varsovie, en 1801, par le tsar Paul Ier qui commençait à le trouver encombrant. Transformé en hôpital par les troupes de Napoléon puis en caserne par celles des SS et de la Wehrmacht du front de Courlande, son actuelle affectation en faculté d'agronomie, économie, sciences humaines, etc., n'est guère de nature à dérider ce palais à l'italienne aux multiples contusions. Si on ajoute que son petit parc, traversé par une rivière romantique, est plein de charme, on a tout dit et l'on n'y reviendra pas.

J'ai quitté Mitau, désenchanté. A une centaine de kilomètres au nord-ouest, au creux de collines verdoyantes, Kuldiga, qui s'appelait Goldingen au temps de mon grand-père, m'envahit d'un sentiment de bien-être et de mystérieuses retrouvailles avec un passé qui remonte comme une source fait sourdre son filet d'eau.

Peut-être suis-je en train de m'abuser moi-même en imprimant dans ma mémoire des émotions, faussement anciennes, que je fabrique à l'instant. Pourtant monte en moi une curieuse impression de déjà vu, à mesure qu'au-delà des ruines de son monumental château teutonique, réduit à l'état de galette, je m'enfonce au cœur de la bourgade pleine de charme où la rivière Aleksupite serpente, à la vénitienne, entre les maisons trois ou quatre fois centenaires, les unes de bois, à toit pentu, affichant leurs aises villageoises, les autres, basses comme la misère, torchées de chaux, d'autres encore qui, dans leur arrière-cour couronnée d'un tas de fumier, continuent d'assumer leur destinée fermière.

Une voix résonne dans ma tête, qui me dit : « Bienvenue à toi, qui rentres au pays ! »

Je ne la crois pas mais je l'entends quand même.

De ces quatre ou cinq rues de la très vieille Courlande, Kalku, Kalna, Baznicas, Pils ou Liepajas, laquelle est la mienne, laquelle a vu naître les premiers Mazur — David, puis son fils Markus — à avoir eu droit aux honneurs de l'état civil ? Rien de fiable ne saurait me faire choisir celle-ci plutôt que celle-là. Me voici donc libre de cueillir dans le passé comme je l'entends.

Le marché aux ancêtres, après le marché aux fleurs...

J'hésite entre deux maisons « de famille », l'une, à colombages, chapeautée de tuiles roses, qui pourrait se trouver aussi bien à Colmar ou à Nuremberg ; l'autre, délicieusement russe, avec sa façade lambrissée de planches posées à l'horizontale, peintes en jaune, ses hautes fenêtres à volets et son fronton en losange, percé d'une lucarne.

Finalement, mes pas me conduisant vers les chutes de la Venta, je tombe, près du vieux pont où, de tradition, les jeunes mariés portent dans leurs bras leur épouse jusqu'à la rive opposée, sur une merveille de grande isba de bois sombre, à deux étages et galerie couverte. Il suffirait de taper dans ses mains pour que accourent aussitôt Oncle Vania, Constantin et Nina, Varia, Lopatchine, Andreevna et toutes les bonnes gens, du côté de chez Tchekhov.

Toutefois, on aurait tort de s'y fier. Si elle donne l'impression d'avoir depuis toujours baigné dans son jus, elle était, en 1900, sur les rives de la Seine, où elle représentait la Russie à l'Exposition universelle. Un riche habitant de Goldingen l'a rachetée, fait venir par le train en pièces détachées, puis remontée pour en faire don à sa ville qui y a installé un petit musée de bijoux et de souvenirs du XIXe siècle, plus tard enrichi de médailles et de photos de l'ère soviétique.

J'y fais la connaissance d'une petite dame à l'œil pétillant et aux joues roses qui mouline vaillamment le français sur un vieux fonds musical dont je distingue mal s'il est russe, letton ou bien les deux. Elle est de passage à Kuldiga, en visite dans sa famille, et me dit être professeur de français à Riga.

De ses connaissances je fais mon miel. Goldingen était la plus vieille cité moyenâgeuse de Courlande, élevée sur le site d'une tribu Coure, décrite dans une saga viking du XIe siècle. Au XVe siècle, c'était un port prospère, membre de la Ligue hanséatique, qui commerçait avec Hambourg, Brême et Riga, avant de devenir, un siècle plus tard, sous le règne du grand-duc Jacques de Courlande, un centre de construction navale qui livrait ses navires de commerce et ses frégates de guerre jusqu'en Angleterre, en France et à Venise. Le pavillon courlandais, rouge, frappé d'une écrevisse noire, était alors présent sur les mers du monde entier.

Et les Juifs de Goldingen ? C'est pour eux, dont

j'ignore tout, que je suis venu. Dans ce qui reste de leur cimetière dont les stèles sont dispersées sous les ramures d'un petit bois, j'ai retrouvé sur l'une d'elles une gravure aux trois quarts effacée où il m'a semblé qu'était inscrit, mutilé, le nom de Mazur, mais sans aucune certitude. De toute façon, je n'ai jamais attaché beaucoup d'importance aux cimetières. Ils sont tristes à mourir.

Ma gentille petite dame a-t-elle des choses à me raconter ? Et en a-t-elle envie, car, dans ce pays où tant de sensibilités diverses s'entrechoquent, et où, par exemple, les Juifs, russophones pour la plupart, sont infiniment plus proches des ex-Soviétiques que des Lettons, mieux vaut y aller sur la pointe des pieds.

Je m'inquiète inutilement. C'est la première fois qu'elle rencontre un visiteur français qui se réclame de Goldingen comme du berceau de sa famille, et elle s'en montre à la fois si ravie et si surprise que, pour un peu, nous tomberions dans les bras l'un de l'autre, comme deux parents, au terme d'une longue absence.

Si elle ignore le nombre de Juifs revenus vivre à Goldingen, et si même il s'en trouve, elle ne cache pas, en revanche, que la Courlande et Goldingen, en particulier, ont été pendant longtemps une de leurs terres d'élection. Venus pour la plupart au XVIe siècle de Pologne et d'Allemagne, ils pouvaient y vivre, à peu près tranquilles, alors que, dans le même temps, les Allemands interdisaient leur présence à Riga. Même placée sous la suzeraineté polonaise, son statut de duché héréditaire donnait à la Courlande une situation privilégiée de quasi-autonomie.

Quand David Mazur naît à Goldingen en 1797, même rattaché à l'Empire russe, l'ancien duché continue de vivre à son propre rythme. Les Juifs bénéficient de la bienveillance du tsar Paul Ier qui vient d'accéder au trône et leur a donné, en Courlande, le droit de rejoindre la classe des marchands et des bourgeois. Ils ne versent plus l'impôt au Kahal, le Conseil de la communauté juive qui avait détenu jusque-là la totalité du pouvoir et, souvent, en abusait, mais à l'administration civile, comme n'importe quel autre sujet de l'empire.

Déjà, auparavant, Catherine II avait institué l'égalité des droits civiques, avant même la France et l'Allemagne, et désormais, il entre dans les habitudes qu'un Juif devienne maire, conseiller municipal ou juge.

En tout cas, à la fin du XVIIIe siècle, la Courlande, avec ses manufactures, ses ateliers, ses artisans et ses commerçants allemands ou juifs, est la plus avancée des provinces baltes. 75 % des adultes savent lire, alors qu'ils sont à peine 25 % en Russie.

Le *Kurlandische Yidden*, le Juif courlandais, de culture allemande, est connu pour ses belles manières, son niveau intellectuel, son sens de l'hospitalité et son extrême politesse. A Goldingen, la plupart occupent des maisons de bois individuelles, alors que, dans l'ancienne Pologne russifiée, il n'est pas rare que vingt familles juives se partagent la même maison à deux ou trois étages.

Le pouvoir tsariste les encourage à prospérer dans l'industrie, notamment de la draperie, et aussi dans le commerce. On a beau dire que le Juif ne vit pas en Russie mais se contente d'y habiter, il n'empêche que lorsque les armées de Napoléon envahissent la Courlande et la Livonie, en marche vers Moscou, les Juifs qui, contrairement à la plupart des habitants, sont restés sur place, aident largement l'armée russe par leurs renseignements.

Quand je sors de ma poche les portraits de mon Grand-Père Savely et de son père Hirsh que rien ne distingue d'un bourgeois catholique, orthodoxe ou luthérien, ma « petite dame » (je l'appelle ainsi car j'ignore son nom) n'est nullement surprise.

« Il y avait, bien sûr, me dit-elle, des Juifs courlandais de stricte obédience orthodoxe qui portaient la tenue traditionnelle, la longue barbe, la capote en satin et le *shtraïml*, le chapeau de fourrure, et qui n'omettaient pas d'accrocher au linteau de leur porte la *mezouza*, l'étui contenant un texte sacré sur parchemin, et faisaient le matin leurs prières, enroulés dans leur châle à quatre franges torsadées.

« Mais, en Courlande, les maskils, les partisans du “ courant des Lumières ” qui entendaient marcher avec leur temps, sans être pour autant moins religieux que les autres, étaient particulièrement actifs dans leur désir de s'intégrer à l'Empire tsariste. Tout au long du XIXe siècle, ils ont réussi à former une bourgeoisie fortunée, mais surtout une petite ou moyenne bourgeoisie, comme, apparemment, c'était le cas de votre famille.

« Quand viendra le temps des pogroms et de l'antisémitisme destructeur, ce seront certains de leurs fils ou de leurs petits-fils qui, persuadés que dans une société sans classes la question juive se réglera d'elle-même, se nourriront de marxisme et se jetteront à corps perdu dans la Révolution. »

La « petite dame » en a terminé. Non, pas tout à fait, car regardant de plus près la photo de mon grand-père, elle fait cette réflexion qui ne finira pas de sitôt de m'agiter : « C'est étrange comme il a l'air ottoman. On le verrait très bien avec un fez, vous ne trouvez pas ? »

Je n'y avais jamais pensé. Je l'avais cru terriblement russe, avant de le savoir juif, et me voilà maintenant embarqué au pays du croissant et des minarets...

« Il y a en Courlande, poursuit-elle, un type d'hommes, assez particulier, qui s'explique par le fait que après l'épidémie de peste qui avait tué la moitié de la population, Pierre le Grand ait fait venir ici, depuis la région de Kazan, pour défricher les forêts, des Tatars, d'origine turque. Leurs ancêtres avaient été cavaliers dans la Horde d'Or. »

Puis elle ajoute, avec un léger rire : « Je serais tout de même surprise qu'il y ait eu des Juifs dans la Horde d'Or... »

26

Le Pays du Loup. La Mazurie des miens

C'est la beauté d'entre les eaux.

Lancée en travers des forêts, noires, de pins et de sapins, parfois blanches, de bouleaux, c'est une longue tresse de mousse, de tourbe, d'argile aux reflets bleutés et de racines d'osier, couleur de sang, qui sinue entre quelque trois mille lacs, accolés les uns aux autres en un lacis de ruisseaux, de rivières et de canaux.

C'est le Pays du Loup. La Mazurie des miens.

On dit que, quand les oiseaux se taisent, ce n'est pas parce qu'ils sont assommés par la chaleur de l'été mais parce que la nature y est si belle qu'ils préfèrent ne rien ajouter. Ketrzyn, ça ne vous dit rien ?

Non, ça ne dit rien à personne. Sauf aux milliers de jeunes Polonais qui, à la belle saison, parcourent, sac au dos ou en canoë, le pays des Grands Lacs mazures, dont le pape Jean-Paul II a longtemps conservé une nostalgie de randonneur. Sur la carte de la Pologne, il se trouve en haut à droite, quasiment entre les pieds de la Biélorussie, de la Lituanie et de ce malheureux déchet de l'ancienne Prusse-Orientale où l'altier Koenigsberg n'en finit pas de pourrir sous sa croûte russe de Kaliningrad.

Ces jeunes vacanciers, eux, savent que le royaume bleu

argenté de l'eau douce, des roseaux qui bruissent, des silures géants, de la mazurka, des forteresses teutoniques, des cygnes sauvages, des hérons cendrés, des aigles pomarins, des églises au toit de chaume, des biches, des daims, des sangliers, des petits chevaux tarpans et, un peu plus loin, des derniers bisons du continent, est, avec sa sœur, la Warmie, une exceptionnelle et immense réserve de beauté naturelle en Europe.

A Ketrzyn, prussienne jusqu'à la fin de la dernière guerre, on grimpe à bord d'un autobus, ou bien on s'en va à pied, pendant une bonne heure, à travers la forêt, où un sentier conduit au repaire du Loup.

Cette fois encore, le diable a logé au paradis. Avec ses pins, ses épicéas, ses hêtres ou ses érables, la forêt est sombre, belle, mélancolique. Pourtant, cela fait bien longtemps que les bûcherons n'y ont plus de hutte, ni les charbonniers de cabane. On aimerait étaler sur la mousse une grande nappe à carreaux et croquer un poulet froid entre amis. Ce n'est pas le lieu. La forêt est maudite.

Dix-huit hectares de bunkers, de casemates, de blockhaus, de murs en béton épais de huit mètres, de garages souterrains, de barbelés dont une bonne partie n'est plus qu'un champ de ruines, où flottent, entre ciment et acier, les ombres brunes d'Adolf Hitler, de Goering, de Bormann, de Himmler et de la sinistre troupe des maîtres-chanteurs de Nuremberg.

Mais aussi, seule, blanche, lumineuse, l'ombre de Claus von Stauffenberg qui faillit, le 20 juillet 1944, débarrasser le siècle de sa puanteur et ne put, au prix de sa propre vie, que laver, un peu, l'honneur souillé de la vieille Allemagne.

Quand les camions de l'Armée rouge qui transportaient les hommes et les officiers de la 57e division de fusiliers du NKVD stoppèrent, le 14 février 1945, devant la barrière flanquée d'un panneau rédigé en allemand, portant cet avertissement en grosses lettres noires : « Halte Zone militaire. Interdit aux civils », les Soviétiques n'avaient pas la moindre idée de ce qui les attendait.

Il était impossible, même à un avion d'observation qui serait passé au-dessus, de mettre au jour l'un des secrets les mieux gardés de la Deuxième Guerre mondiale. A la forêt naturelle s'était superposé un immense camouflage artificiel dont les couleurs changeaient selon les saisons. Là où des arbres et des buissons avaient dû être coupés, on les avait remplacés par des postiches.

La nature ainsi travestie, nul n'était jamais parvenu à deviner que s'était caché là, du 26 juin 1941 au 20 novembre 1944, le quartier général d'Adolf Hitler.

Nourri, gavé même de mythologie germanique, c'est le Führer — « Oncle Wolf » pour les amis — qui avait baptisé ce morceau de forêt, en Prusse-Orientale, « Wolfsschanze », le Repaire — ou la Tanière — du Loup.

Prévoyant sa future offensive vers l'est, il avait donné l'ordre, dès l'automne 1940 — dix mois avant l'assaut —, de commencer les travaux. Conduits par plus de trois mille ouvriers allemands, encadrés et surveillés jour et nuit par des SS, ils étaient terminés quand, le 26 juin 1941, quatre jours après l'invasion de l'Union soviétique, le Führer et ses hauts dignitaires prirent possession de leurs sept bunkers, tandis que l'état-major et ses services occupaient quelque quatre-vingts structures. Il y avait même une piste d'atterrissage, quasiment invisible d'en haut, à l'intérieur du complexe.

Hitler, qui ne quitta le Repaire que de juillet à octobre 1942, pour diriger les opérations depuis l'Ukraine, confessa, paraît-il, que c'était le seul endroit où il se sentait vraiment en sécurité. Il s'en fallut de vingt centimètres pour que la bombe de Stauffenberg ne lui ôtât ses illusions et, en définitive, c'est Hitler lui-même qui fit sauter le Repaire du Loup, avant d'aller sombrer dans son bunker de Berlin. La centaine de tonnes d'explosifs qui fit son œuvre, le 24 janvier 1945, ne parvint pas à tout effacer. Si du bunker n° 13 de Hitler, il ne reste qu'un pan de mur, celui de Goering demeure en assez bon état.

Tout le long du chemin balisé, des pancartes signalent, comme au zoo, la cage de tel ou tel. Rien d'autre que le souvenir des grands carnassiers.

27

Ils venaient de très loin, derrière leur peur

Courbés tous deux sous l'effort, ils marchent depuis des jours et des jours, côte à côte, entre les brancards de la petite charrette où ils ont déposé leurs pauvres trésors. Un jour, la petite jument grise, pourtant si vaillante depuis leur départ, s'est arrêtée d'un seul coup, au milieu de la route, prise de tremblements. Ils l'ont détachée, elle a fait quelques pas dans l'herbe, s'est agenouillée, puis s'est couchée et, gentiment, comme elle avait vécue, elle est morte, en tournant la tête dans leur direction.

Le jeune couple a pris sa place et poursuivi son chemin vers l'est. Vers la liberté. Ni l'un ni l'autre n'ont de nom, et nul, d'ailleurs, ne les a obligés jusqu'à présent à en avoir un. On les appelle par leurs prénoms, mais je suis bien incapable de dire lesquels. Par commodité, donnons-leur ceux de Samuel et de Rachel.

D'où viennent-ils ?

De loin, de très loin, derrière leur peur. De cet empire d'Allemagne où, pendant si longtemps, le Juif qui s'éveillait le matin ignorait s'il serait encore là le soir pour s'endormir. Les croisés, dès le XIe siècle, avaient donné le signal de l'hallali en se faisant la main, à grands coups d'épée ou de masse, sur les enfants d'Israël, considérés par eux comme les alliés des Arabes, avant de la porter sur ceux du Prophète.

Deux siècles plus tard, la vie est pire encore.

La peste noire, arrivée au galop des rats d'Asie centrale et qui allait tuer vingt-cinq millions de gens, vient, en l'an apocalyptique de 1348, de toucher l'Allemagne, juste après l'Italie et la France. Puisque, à tout malheur, il faut un bouc émissaire, c'est un autre rat, à deux pattes celui-ci, le Juif, éternel coupable, qu'on force, par le fer et par le feu, à expier. Les pogroms se multipliant à travers tout le pays, Samuel et Rachel, après s'être concertés avec quelques voisins qui seront eux aussi du voyage, ont ficelé à la hâte leurs baluchons et sont partis, avec leur petite fille, droit devant eux.

D'autres Juifs n'avaient pas attendu si longtemps pour s'enfuir, dès la fin du XIIe siècle, vers cette Pologne miraculeuse où se trouvait, à l'époque, un bon roi, Boleslas le Chaste, qui ne demandait qu'à leur accorder sa protection. La rumeur était parfaitement fondée puisque bientôt, aussi bien à Kalisz, cet antique poste commercial, sur la route de l'ambre, entre l'Empire romain et la Baltique, qu'à Cracovie, les Juifs se firent si nombreux et s'avérèrent si industrieux qu'on leur accorda le privilège de battre monnaie.

Quand nos deux amis eurent entendu parler d'un autre souverain extraordinaire, comme il n'en avait encore jamais existé de mémoire de Juif, ils n'hésitèrent pas à tout abandonner pour aller tenter leur chance, tout là-bas. Ne dit-on pas, en effet, en ce milieu du XIVe siècle, que le grand roi Casimir III est si bienveillant envers le peuple d'Israël qu'il a même eu l'audace de braver la morale chrétienne en prenant une maîtresse juive ? Mieux encore, il aurait octroyé aux Juifs la totale liberté de commercer, l'égalité devant les taxes ; et — mesure incroyable en terre catholique — si l'un d'eux mourait de la main d'un chrétien, le coupable serait désormais puni de mort.

Ils sont donc partis droit devant eux, le cœur plein d'espoir.

Six mois plus tard, alors qu'après de nombreuses haltes où de menus travaux leur ont permis de subsister ils venaient de franchir l'Oder, sur le bachot à fond plat d'un brave pêcheur du coin, leur petite fille a été emportée par les fièvres. Ils connaissent mal, ou pas du tout, le nom des terres qu'ils traversent en suivant ces chemins que d'aucuns disent « royaux ». Il leur arrive de tomber par hasard sur un de ces villages de frères, bénis de Dieu, qu'on appelle « shtetl », où il fait si bon vivre, travailler et prier entre soi. L'endroit leur plaît et, déjà, ils font des projets.

Malheureusement, après la nourriture partagée, on leur fait vite comprendre que ce n'est pas possible, qu'il va falloir partir. Oh non, pas tout de suite. Qu'ils prennent un peu de repos, d'abord, et se refassent des forces. Mais ensuite… Ce n'est pas par méchanceté. C'est seulement parce qu'il y a déjà trop de monde. Mais on les rassure. Ils finiront bien par trouver leur bonheur. A l'est, toujours plus loin à l'est, à commencer par cette immense Pologne où, malgré les chevaliers Teutoniques, leurs machines de guerre, leurs formidables forteresses et leur arrogance, un Juif peut encore espérer vivre en paix.

Ils continuent donc à marcher, à rêver, à faire des projets, à s'arrêter, puis à repartir en retenant leurs larmes.

Dans les grandes plaines du Nord qui ondulent sous les vents de la Baltique ou ceux, plus mordants encore, de la lointaine Moscovie où le Cosaque à cheval sabre le Juif à grands éclats de rire, ils ont appris de nouveaux noms de fleuves — la Warta, la Brda, la Vistule — ou de bourgades, parfois fortifiées et hérissées de tours à créneaux, comme Bydgoszcz, Chlemno ou Golub.

On leur a donné le conseil de ne pas s'aventurer dans les parages de l'immense et terrifiant château carré de Marienbourg, où l'ordre Teutonique a transféré son siège depuis Venise. Prudemment, ils sont passés au large, et même très au-delà. Voilà plus de deux années qu'ils ont pris la route, sans parvenir à se fixer. A mesure qu'ils avancent en direction du nord-est, le paysage s'arrondit et se creuse doucement en une série de vallons fort plaisants, aux pentes très tempérées. A Olsztyn, une grosse bourgade ceinte de murailles derrière lesquelles s'abrite un gros château de brique rouge, quasiment neuf, ils vont trouver quelques familles juives qui les aideront à se loger et à gagner un peu d'argent. Il est probable que Samuel qui, en Allemagne, avait commencé à apprendre le métier de tailleur, ait fini par trouver là un emploi et, peut-être même, par ouvrir son propre atelier.

Il ne tardera pas, avec son épouse, à découvrir une bizarrerie de cette région qu'on nomme la Warmie, dont Olsztyn est la capitale. Bien que se croyant, de prime abord, installés dans la bonne Pologne du roi Casimir, en fait ils n'y sont pas. Cette partie nord-est de la Pologne, jadis peuplée par des tribus balto-slaves, les Borusses ou Prussiens, exterminées par les « charitables » moines-soldats allemands, est, depuis un siècle, une terre teutonique, ce qui, pour un Juif, n'est pas la meilleure des nouvelles.

Fort heureusement, les chevaliers ont laissé le champ libre aux évêques de Warmie qui, depuis longtemps, l'avaient évangélisée et colonisée. Ces derniers n'éprouvent pas à l'égard des Juifs une tendresse particulière, contrairement au roi de Pologne, mais, du moins, ne leur causent-ils aucun mal.

Samuel et Rachel ont fondé une famille et vécu tranquilles, jusqu'à leur mort, dans cette petite cité d'Olsztyn dont, aujourd'hui, le charme médiéval s'est aplati sous le béton grisâtre du socialisme.

Un siècle plus tard, leur descendance ne put que bénir leur mémoire et rendre grâce à Dieu de les avoir fait naître sur une terre où le Juif n'était pas un gibier.

Leur joie devait être grande, en effet, en cette année 1466, de se savoir désormais rattachés au royaume de

Pologne qui, à l'issue d'une guerre de treize ans, a défait et soumis à sa suzeraineté les chevaliers Teutoniques, toujours aussi riches mais en complète décadence. Les évêques continuent de gérer les affaires intérieures, avec toutefois cette nouveauté que les Juifs peuvent compter sur la bienveillance des rois et des nobles de Pologne dont l'empire, de la Baltique à la mer Noire, est le plus grand d'Europe.

Un siècle de plus vient de s'écouler. La Pologne est à présent un véritable grenier à Juifs. La grande majorité sont des artisans ou des marchands. Ils sont plus nombreux que dans tous les autres pays d'Europe réunis. Le XVIe siècle touche à sa fin, et la liberté religieuse est entière pour tous les cultes sans distinction, même si Juifs et chrétiens vivent séparés, au prix d'inévitables anicroches et vexations. En tout cas, les descendants de Samuel et Rachel sont, en dépit de leur condition toujours extrêmement modeste, parmi les Juifs les plus heureux d'Europe.

Les choses commencent à se gâter quand, pour se protéger des longs crocs de la Moscovie, la Pologne et la Lituanie s'unissent en une seule puissance, dite République nobiliaire. Le pouvoir est assuré par des souverains élus et la plupart du temps d'origine étrangère qui se succèdent à un rythme inquiétant, tant le pouvoir des nobles et leurs dissensions internes les mettent dans l'incapacité de prendre la moindre décision.

Les seigneurs lituaniens n'aiment pas les Juifs mais les laissent vivre en paix. Et il y a pire. Tout au long de ce XVIIe siècle, les Cosaques, enragés d'antisémitisme, lancent, depuis la Moscovie et l'Ukraine, des expéditions punitives à l'est et au sud de la Pologne qui se soldent par des milliers de victimes. La Warmie est encore à l'abri. Toutefois, l'arrivée en masse dans les petites villes de la couronne polono-lituanienne des Juifs, qui fuient les pogroms, allume un peu partout des foyers de judéophobie. Et il n'y a plus de bon roi Casimir pour les éteindre.

La guerre entre Polonais et Suédois qui surgit là-dessus n'épargne pas les Juifs, allègrement massacrés par les deux armées qui se donnent ainsi du bon temps. C'est toute la communauté juive de Pologne qui maintenant craint pour sa vie et perd confiance dans son avenir. La terre polonaise n'est plus, à leurs yeux, la terre d'asile qu'elle avait été pendant si longtemps.

En 1660, à la fin du Déluge — c'est le nom qu'on donne à l'invasion des Suédois —, la Pologne a perdu le quart de son territoire et, victimes des combats, de la peste ou de la disette, quatre millions d'habitants sur les dix que comptait le pays. L'Etat polonais est à l'agonie.

Est-ce à ce moment précis que les descendants de Samuel et Rachel reprennent la route, comme jadis leurs aïeux ? Ils auraient, en tout cas, d'excellentes raisons de le faire. Un peu plus loin, au nord-est, le pays des trois mille lacs et des immenses forêts vierges où le grand loup gris, qui fait des bonds de cinq mètres de long, chasse l'élan et le jeune bison, est un pays rude mais sûr, quasiment inhabité, en dehors des quelques bourgades, fondées par les chevaliers Teutoniques, nichées, le plus souvent, dans de ravissants sites, au bord d'eaux extraordinairement poissonneuses. La Mazurie offre un attrait supplémentaire. Théoriquement vassale de l'Etat polonais, la Mazurie est en fait sous le contrôle total de la Prusse ducale, le duché héréditaire de la Maison de Brandebourg (Berlin), branche de la famille des Hohenzollern. On la nommera plus tard Prusse-Orientale.

Où se sont donc installés les arrière-arrière-petits-enfants de Samuel et Rachel ? Sur les rives de l'un des deux plus beaux lacs du pays, Sniardwy ou Nidzkie ? Ou à Gizycko qui est aujourd'hui le grand centre des bateaux d'excursion, à moins que ce ne soit à Popielno, où l'on ressuscite la race des tarpans, ces petits chevaux gris souris qui ont une raie noire sur toute la longueur de l'échine ? Ou à Luknajno, où deux mille cygnes sauvages reviennent chaque été se poser, ou bien dans quelque *shtetl* à présent effacé de la carte ? Ou bien encore, plus au nord, près de l'actuelle frontière avec la Lituanie, du côté d'Augustow ou de Suwalki, là où, entre d'autres lacs, d'immenses forêts, toujours inexplorées, abritent des loups, des élans et des castors ? Et pourquoi pas, plutôt, à Punsk qui, avant la dernière guerre, était encore un village typiquement juif ? Il n'y a là, hélas, même plus de cendres à remuer où se cacheraient quelques débris du passé.

L'errance de Samuel et de Rachel aurait pu se dérouler ainsi, même si je suis incapable d'en apporter la moindre preuve. Il existe pourtant une certitude. Une seule. La descendance de Samuel et de Rachel était bien là, au pays des Grands Lacs, lorsque à la fin du XVIIe siècle l'administration prussienne, agacée de ne pouvoir s'y reconnaître parmi tous ces Juifs qui n'avaient pas d'état civil, décida d'employer les grands moyens. Elle ouvrit des registres où chacun fut tenu à inscrire un nom de famille. Eventuellement, pour aller plus vite, elle les choisissait elle-même et les distribuait au petit bonheur la chance. L'imagination n'étant le fort d'aucune administration, elle trouva souvent commode d'utiliser le nom de la ville, du village ou de la région où habitait l'intéressé. Avec une orthographe, d'ailleurs, ondoyante.

C'est pourquoi on trouve aujourd'hui, non seulement en Mazurie, en Pologne, dans les pays baltes, mais aussi en Allemagne, en Belgique, dans le nord et l'est de la France, aux Etats-Unis, au Canada, partout où l'émigration dite « polonaise » — pour aller au plus court — a été forte, une floraison de Mazur, Mazure, Mazur, Masure, Mazury, Mazuir et autres Mazurek, qui se confondent, chez nous, avec des noms d'origine non juive mais picarde ou occitane, dérivés du « manse » ou du « mas » médiéval, désignant « une demeure avec ses terres ».

*

Enfin nantis d'un nom, pourquoi donc mes Mazur à moi devraient-ils à nouveau reprendre la route ?

La Mazurie, gouvernée par les Hohenzollern de Brandebourg, est une province prussienne, parfaitement administrée, où les Enfants d'Israël semblent pouvoir vivre à leur guise. Juif ou non, tout le monde parle allemand et est déclaré sous un prénom allemand, et l'attachement pour la culture et la civilisation allemandes va demeurer si puissant que, lors du plébiscite de 1920, organisé par le gouvernement polonais, 95 % des Mazuriens réclameront leur rattachement à l'Allemagne qui sort pourtant vaincue et ruinée de la Grande Guerre.

Puisque, alors que s'achève le XVIIe siècle, le bonheur est au bord du lac, quelle mouche pique donc le père ou le grand-père de David Mazur ? David, le premier Mazur dont, avec certitude, le nom est cité sur le registre des familles juives de Courlande, à propos de la naissance de son fils en 1797.

La raison en est sans doute la pauvreté.

La Mazurie qui, évidemment, ne vend pas encore ses admirables paysages aux touristes, n'est pas le lieu rêvé où même un homme intelligent et courageux (admettons, pour l'honneur de la famille, que ce Mazur l'était) peut espérer une promotion sociale et matérielle. Pour sortir de sa condition, il n'a d'autre choix que de se convertir au luthérianisme ou au catholicisme (une issue dégradante et scandaleuse aux yeux de tout Juif pratiquant), ou bien d'aller tenter sa chance ailleurs.

La Lituanie est toute proche. Et infiniment tentante.

Outre Vilnius, la capitale, il n'est pas une ville de quelque importance qui n'ait sa communauté juive, heureuse et prospère. Dès le XIVe siècle, le grand-duc Vytautas avait invité les Juifs chassés d'Allemagne par les pogroms à venir s'installer sur cette terre de tolérance. Ils avaient répondu à l'aimable invitation en débarquant, nombreux.

Après quoi, les synagogues et les écoles poussèrent à travers tout le pays, donnant naissance à une culture hébraïque, diffusant sa littérature dans l'Europe entière, et à une société juive, industrieuse, aisée et même brillante, tournée vers le commerce, la banque et, évidemment, l'artisanat.

Mazur — sous cette forme ou sous une autre — n'était pas un patronyme inconnu dans la Lituanie d'avant les atrocités des nazis et de leurs complices lituaniens qui ont éliminé la quasi-totalité de la population juive. Mais s'il est évident qu'un de mes Mazur a traversé le pays pour se rendre en Courlande, je ne saurais dire s'il s'y est établi quelque temps et, si oui, pourquoi il a filé ensuite un peu plus loin.

Il est vrai que même des Juifs installés en Lituanie ont choisi d'aller vivre dans la proche Courlande où la vie était peut-être encore meilleure, à l'époque glorieuse et prospère du grand-duc Jacques.

28

A pied, à cheval, les Khazars me tombaient du ciel

J'ai parcouru des milliers de kilomètres, brassé des kilos d'archives, épuisé des piles de livres, humé l'air et les parfums de villes, de villages et de foules les plus dissemblables, et parlé à des gens que, souvent, rien ne rapprochait, sinon, dans le pire des cas, un vieux passé compliqué, tout barbouillé de haine et de rancœur.

De retour en France, une question me taraude : ai-je vraiment avancé ?

Au moment de me lancer dans cette longue quête improbable, je me croyais russe, par la grâce de mon grand-père. J'ai appris que je ne l'étais pas, puisque pas la moindre goutte de sang de Moscovie n'avait coulé dans ses veines. Puis, sans déplaisir, je me vis balte, plus précisément courlandais. Le mot sonnait joliment à mes oreilles et me plaisait bien. Marguerite Yourcenar, qui était passée par là avant moi, avait chauffé mon imagination et porté à bonne température mon bouillon de nostalgie, avec son bruineux *Coup de grâce.*

Malheureusement, non, la mythique Courlande n'était point mon royaume.

Polonais, alors ? Pas davantage. Allemand du Saint-

Empire germanique ? Prussien ? Et pourquoi pas brandebourgeois ?

Eh oui, brandebourgeois ! Une belle musique, n'est-ce pas ? Pas mal de pouvoir, à la sortie d'un concert, glisser autour de soi : « Eh bien, voyez-vous, moi aussi je suis brandebourgeois... »

Mes Mazur ont été tout cela, successivement, au fil des siècles, et pourtant, en vérité, rien de cela. Quelle déception !

Tous ces efforts pour apprendre ce que n'importe quel enfant juif sait déjà en naissant : un Juif peut enfiler les nationalités, comme une femme les perles à son cou, rien n'y fera. Jusqu'à la fin des temps, il sera juif et rien d'autre. C'est d'ailleurs sa fierté, je l'approuve, et cela n'a rien à voir avec le patriotisme et la fidélité à celui des pays où l'errance de ses aïeux a fini par le fixer. Il est là comme un voyageur qui a ouvert un coffre, à la consigne, pour y déposer ses bagages, et puis, lorsque cela deviendra nécessaire, il se fera crever la peau pour défendre la terre d'aïeux qui ne seront jamais les siens.

Il me semble qu'il aura même mérité cette terre encore plus que les autres. A cette étape de mon voyage à la recherche du Juif Samuel Mazur, mon grand-père, je viens d'apprendre une chose, essentielle : je sais à présent, du plus profond de mon être, ce qui n'a rien à voir avec le raisonnement, la morale ou le sentiment, je sais *physiquement* pourquoi je ne suis pas antisémite.

Parti à la recherche de mon grand-père, c'est peut-être moi que je suis en train de trouver.

*

L'autre jour, me remémorant une mystérieuse conversation à Riga, à propos des Khazars, j'ai composé le mot sur Internet. En l'espace d'un instant, il m'est tombé du ciel une véritable armée, à pied, à cheval, bottée, casquée et étendards au vent. De Moscou à New York, en passant par Jérusalem, Stockholm ou Budapest, il en arrivait de partout. Même du Golfe, où des allumés éructaient de joie à la pensée de pouvoir dire aux Juifs qu'ils ne sont même pas juifs.

Je ne vais pas procéder à une seconde et longue traite de ce lait khazar qui tourne au vinaigre dans plus d'une école hébraïque, mais il n'empêche que cette histoire vient de dévaster la seule vérité solide de ma quête familiale. Que ceux qui savent tout du royaume des Khazars me pardonnent. Je vais essayer d'en dire le moins possible, et en parler comme s'il était prouvé que tout est vrai.

Des archéologues russes ont retrouvé près d'Astrakhan, dans le delta de la Volga, les vestiges d'une ville, Ittil, qui aurait été l'ancienne capitale, avec une rive juive et une autre, en face, musulmane. La dernière découverte est encore plus récente. Un trésor viking, le plus riche jamais déterré en Suède, dans l'île de Gotland, cachait parmi ses quinze mille pièces de monnaie, de bracelets et de colliers d'argent, une pièce, datant de 830.

Côté pile, elle porte, sur la partie supérieure, l'inscription musulmane classique : « Mahomet est l'émissaire de Dieu » (la monnaie islamique, rapportée par les Vikings de leurs expéditions, a circulé abondamment en Suède jusqu'à la fin du Xe siècle). Mais, fait unique, encore jamais constaté, sur la partie inférieure, on peut lire : « Moïse est l'émissaire de Dieu. »

Mahomet et Moïse, réunis sur une même pièce de monnaie, et l'on songe aussitôt au très baroque Empire khazar où vécut un peuple juif qui n'avait pas une goutte de sang juif. Il y a là, évidemment, de quoi mettre mal à l'aise une université hébraïque, bien que de nombreux chercheurs qui y croient soient juifs et nullement gênés de défendre leur thèse. Pourtant, le plus acharné à empêcher le passé khazar à sortir du puits ne fut pas un Juif mais un Géorgien violemment antisémite : Joseph Staline.

Quand un historien soviétique fit connaître le résultat de ses recherches sur les Khazars, il fut aussitôt expédié au goulag. Et lorsque les vestiges d'une supposée ancienne capitale khazar, Sarkel, dans la vallée du Don, commencèrent à être fouillés, toute la zone fut, comme par hasard, inondée, pour en faire un grand lac artificiel. Staline ne pouvait supporter l'idée qu'on exposât au grand jour les liens qui avaient existé entre le judaïsme et la Russie éternelle.

Donc, du VIIe au XIe siècle, le plus grand et le plus fort Etat juif, avant la création d'Israël, a régné sur un immense espace comprenant la Russie du Sud, le nord du Caucase, l'Ukraine orientale, la Crimée, le Kazakhstan occidental et le nord de l'Ouzbékistan.

Qui sont les Khazars ? A l'origine, un salmigondis de nomades barbares, incultes et violents, qui cavalcadent depuis les grandes steppes de l'Est, sur les pas d'Attila, dont ils partagent les origines turco-mongoles, embrouillées d'une bonne dose persane. Ils parlent le turc, et pratiquent le chamanisme.

Une branche de ces tribus, repoussées par les Arabes, se décide, au VIe siècle, à descendre de cheval, au nord du Caucase, près de l'estuaire de la Volga. Libérée de l'emprise du pouvoir turc qui a volé en éclats, la nation khazare va pouvoir émerger entre les deux superpuissances qui l'encadrent, la byzantine à l'ouest et l'arabe au sud.

Les barbares analphabètes, coureurs des steppes, sont devenus sédentaires et de plus en plus présentables, au contact de leurs deux grands voisins et aussi des Juifs qui, fuyant la Perse, ont trouvé refuge sur leurs terres. Aux oubliettes le chamanisme, et les voici avec un véritable Etat, un roi (le Khagan), un chef du gouvernement et une classe dirigeante. Le fait d'être pris en tenaille entre Byzance qui a étendu ses frontières jusqu'en Russie et Bagdad, dont le califat repousserait bien les siennes jusqu'au Caucase profond, ne les dérange pas, en tout cas pas dans les premiers temps. Ils jouent, au contraire, les médiateurs entre les deux religions.

Cela leur est d'autant plus facile qu'eux-mêmes n'en ont pas. Ils ont inventé un astucieux système de coexistence pacifique où toutes les croyances sont traitées sur un plan d'égalité. Au Tribunal suprême de sept membres, chaque culte a son représentant, et les jugements sont rendus selon les lois respectives. Dans le cas des Juifs, c'est, bien sûr, la Torah qui les guide.

Les Juifs, en effet, ne sont pas restés longtemps absents de cette société moderne, tolérante et puissante, à proximité des régions où la Diaspora les a conduits après la chute de Jérusalem, en l'an 70. Non seulement ils sont bien accueillis en pays khazar, mais, de par leur culture, leur compétence et leur légendaire entregent, ils ne tardent pas à obtenir les meilleures places auprès du Khagan.

Le royaume khazar règne à présent sur toutes sortes de groupes slaves, bulgares ou hongrois. La Caspienne est à ce point sienne qu'elle est appelée — et l'est encore de nos jours par les Turcs, les Azéris et bien d'autres — la « mer Khazar ».

Tout cela ne peut que donner de l'appétit à Byzance, dont les victoires ont porté l'empire jusqu'en Russie, et aussi à Bagdad, où le khalifat développe une intense stratégie d'islamisme conquérant. Lorsque, dans la première moitié du VIIIe siècle, il décide de se convertir au judaïsme, le Khagan a sans doute une idée derrière la tête : se mettre à l'abri, à la fois des chrétiens et des musulmans.

A sa suite, c'est toute la classe dirigeante et la majeure partie de la population (plus de sept cents tribus), composée de Huns, de Turcs, etc., qui, au milieu de ce VIIe siècle où Charlemagne règne sur l'Europe et les Abbassides d'al-Mansūr sur Bagdad et l'Orient, passent avec armes et bagages sous la bannière de l'Etoile de David.

C'est la première fois — et l'unique jusqu'à ce jour —

qu'un peuple aura l'idée originale de se faire juif pour assurer sa sécurité...

Le chiffre exact des convertis est inconnu. « Tous les Khazars sont juifs », écrit un auteur arabe du Xe siècle, Ibn al-Faqih, qui ajoute : « Ils se sont convertis récemment. » Ici on parle de trente à cinquante mille, et ailleurs on en avance dix fois plus, incluant, il est vrai, ceux des « vrais » Juifs, venus d'un peu partout, s'installer dans la bénévolente Khazarie. Quant aux chrétiens et aux musulmans, ils ont continué à pratiquer librement leur religion. Là encore, on ignore leur nombre, mais on sait que les seconds étaient beaucoup plus nombreux que les premiers.

Quand, en l'an 800, Charlemagne est couronné empereur d'Occident, une délégation khazare assiste à la cérémonie, ce qui atteste bien le rayonnement dont jouissent le Khagan et son royaume auprès d'un empereur qui, il est vrai, a de la sympathie pour les Juifs. Il a même invité ceux qui fuyaient l'Espagne à s'installer à Paris, Rouen, Troyes et dans la vallée du Rhin.

Ittil sera pendant deux siècles la belle et grande capitale du royaume. Le roi y a son palais sur une île verdoyante ; les synagogues et les mosquées pullulent, les champs et les potagers fournissent une nourriture abondante où le riz, l'orge, le concombre et le melon ont une place privilégiée, ainsi que le poisson de la Volga, dont les Khazars ont fait leur nourriture de base. Les caravanes de la « route de la soie », chargées d'épices, de fourrures, de soieries, de porcelaines, d'argenterie et de bijoux traversent en permanence le royaume et y ont leurs places commerciales. Des Juifs d'origine, installés en Irak, en Syrie, en Arménie ou en Turquie, viennent régulièrement grossir la population, attirés par cette nouvelle Jérusalem, libre et prospère.

De leur côté, les Khazars créent des villes, comme par exemple Kiev, au nom turc. En même temps, ils tissent de solides liens avec Byzance en mariant leurs princesses et leurs princes à des membres de son aristocratie.

Au total, c'est à une grande civilisation, au faîte de sa puissance, que, à la fin du Xe siècle et au cours du XIe siècle, les Slaves de l'Est, conduits par le prince Sviatoslav, prince de Kiev et fils du prince Igor, vont s'attaquer victorieusement, reprenant tout le bassin du Don et détruisant systématiquement l'Empire khazar, ainsi qu'une grande partie de sa population.

Une longue et sans doute douloureuse diaspora commence alors, à la fin du XIe siècle, pour le peuple khazar converti ou de sang juif. Les errants sont quelques dizaines de milliers, les uns trouvant refuge à l'est chez les Juifs du Caucase, les autres en Hongrie et en Bohême-Moravie. C'est toutefois vers le nord que le plus grand nombre se dirige. Vers l'Ukraine, la Biélorussie, la Pologne et l'aire balte qui correspond plus ou moins à l'actuelle Lituanie et à une partie de la Lettonie.

Quand ils débarquent, il s'y trouve déjà quelques communautés juives, mais leur nombre est encore infime lorsque se produit le double mouvement de « ruée vers le nord » et de « ruée vers l'est », où, sur une période de temps certainement assez longue, s'ajoutera au flux des Khazars celui des émigrants juifs d'Allemagne et de France qui fuient les persécuteurs chrétiens de la croisade. Sans oublier les sépharades qui, plus tard, voudront échapper aux griffes des Inquisiteurs espagnols.

C'est de la fusion de tous ces groupes que naîtra le grand peuple ashkénaze qui, avec le concours de la langue yiddish, va asseoir sa suprématie numérique et intellectuelle sur les communautés juives d'Europe centrale, de Russie et même du monde, avant que Hitler en liquide le plus grand nombre.

J'apprends également que le patronyme « Turk » est assez commun parmi les Juifs ashkénazes, ce qui ne fait que renforcer les convictions des « pro-Khazars » si l'on sait qu'une partie de la population convertie à Israël, de l'empire des Khagans, était turque.

*

Je ne peux m'empêcher de repenser à la dame de l'isba-musée de Kuldiga qui, après avoir jeté un rapide coup d'œil sur la photo de mon grand-père, avait fait ce commentaire : « C'est étrange, on dirait un Ottoman... »

Et si mes Mazur, au lieu de venir d'Allemagne, étaient remontés jusqu'à leurs forêts à loups des Grands Lacs de Mazurie, avec la horde des pauvres naïfs qui avaient cru se mettre à l'abri, pour l'éternité, en accrochant l'étoile de David à leur fragile destin ? Quel argument pourrait m'empêcher d'imaginer mon Savely Mazur, avec son nez droit et bien planté, son impérieux regard d'anthracite et son teint bistre, en descendant patiemment civilisé des soudards turco-mongols qui, accrochés à la crinière de leurs petits chevaux, faisaient voler en hurlant l'herbe rare des grandes steppes ?

Quand l'autre jour, au hasard d'une lecture, j'ai appris que le mot « hussard » ne serait pas d'origine hongroise, mais turque, l'idée saugrenue m'a traversé l'esprit que ce n'était peut-être pas un hasard si les hussards ont tant occupé ma vie...

Mais au fait : Mazurie... Mazur... Est-ce bien polonais ? D'ordinaire, le polonais, avec son embouteillage de consonnes, vous craque dans l'oreille comme une colonie de grillons, alors que là, ça coule, ça gambille, et, pour tout dire, ça a l'air de venir d'ailleurs.

Je vais sûrement me ridiculiser au regard des étymologistes mais tant pis : Mazur ne pourrait-il pas dériver de Mansūr : al-Mansūr, le Victorieux ? Autrement dit, un des qualificatifs du prophète Mahomet.

Non ? Bon, n'en parlons plus.

29

Un revenant du « pays de la danse et des claquettes »

> « Et, après avoir posé sa main sur la mienne, avec un visage gai, qui me réconforta, il me découvrit des choses secrètes... »
>
> Dante, *L'Enfer*, chant III.

Il est gênant, parce qu'il est encore vivant. Mais patience, camarades, le temps passe vite et la mémoire aussi ! Dans son studio perdu dans les étages d'un grand ensemble de ce quartier « Berlin-Est » version Montreuil-sous-Bois, l'homme qui me reçoit, en ce dernier été du XXe siècle, vient de fêter ses quatre-vingt-onze ans. Avec son beau masque de mime Marceau, métamorphosé en « honnête homme du siècle des Lumières » qu'on imaginerait dans son jardin de roses ou sa bibliothèque, le regard comme du champagne derrière les bésicles et le sourire au creux des joues, il ne sera pas toujours parmi nous pour conter, au sortir de la longue nuit barbare, son voyage au « pays de la danse et des claquettes ».

Ce surnom que donnaient au goulag les locataires de Lénine et de Staline va comme un gant à ce très vieux, très long et très sec jeune homme qui, revenu de la maison des morts, après dix-neuf ans de camp et cinq de relégation, remerciait les gens du Kremlin pour cette vingtaine d'années « de voyages gratuits et d'études poussées ».

Quand j'ai aperçu Jacques Rossi pour la première fois, à une émission de télévision où il présentait son dictionnaire historique, *Manuel du goulag*, devenu entre-temps une référence comparable à *Une journée d'Ivan Denissovitch* de Soljenitsyne ou aux *Récits de Kolyma* de Chamalov, j'ai éprouvé pour lui une sorte de coup de foudre de sympathie et d'admiration. Un destin terrifiant pour ce jeune Français qui vit à Varsovie avec sa mère, devient communiste par réaction envers son milieu grand-bourgeois, puis agent secret du Komintern qui l'envoie en Espagne, en pleine guerre civile. Rappelé à Moscou, au moment de la grande purge stalinienne, il est aussitôt arrêté comme « espion » et « ennemi du peuple ».

Survivant du goulag ou de la Shoah, tous sont évidemment des exemples d'héroïsme, mais je n'avais encore jamais rencontré de personnage aussi contrariant vis-à-vis de ses bourreaux. Ce doit être, en effet, la juste récompense d'une vie d'efforts, quand on a pour métier de faire souffrir ses semblables, que de les savoir sortis de là, cassés, brisés, pulvérisés, la peur au ventre et la haine au cœur. C'est l'assurance de ne pas s'être donné tout ce mal pour rien.

Il est passé, six ans après Savely Mazur, à Moscou, par Boutyrka, dont les portes s'étaient refermées sur mon grand-père, sans que désormais on apprenne quoi que ce soit sur son sort. Avant de partir pour les Solovki et Moscou, je voudrais, bien sûr, en savoir davantage sur la célèbre et redoutable prison préventive de Moscou où des milliers d'innocents avaient échoué. Un message me parvint rapidement : « Puisque par votre grand-père vous avez des affinités goulaguiennes, je serais très heureux de vous accueillir chez moi. »

*

Oui, c'est bien un jeune homme, rieur et narquois, qui me reçoit dans la petite pièce, pleine de livres, de ce cinquième étage sur cour, de l'avenue de la Résistance, au cœur de cette municipalité de culture communiste où, à chaque coin de rue, de place ou de square, on bute contre quelque « grande figure » du parti ex-stalinien. Il vit de trois fois rien, se nourrit comme un moineau, bien qu'il adore les bonnes choses, et fort de l'amitié d'un groupe de fidèles, trouve la vie épatante, telle qu'elle l'est devenue pour lui. Comme ma cousine Adèle, pour l'horreur brune, il raconte, lui, le passé rouge, sans l'ombre visible d'une émotion :

« Je me suis retrouvé à Boutyrka en 1937, au début de la grande purge stalinienne. C'était l'ancienne caserne des hussards de la Grande Catherine. On l'avait transformée en prison à la fin du XIXe siècle, et après 1917 on n'a pas arrêté de l'agrandir. On y arrivait à bord d'un " corbeau noir ", comme on surnommait les fourgons cellulaires, peints en vert sombre, où l'on pouvait embarquer jusqu'à trente " ennemis du peuple ". Certains étaient maquillés par le NKVD en voitures de livraison, pour faire croire que, à Moscou, on ne manquait de rien. Je ne sais pas comment cela se passait au temps de votre grand-père, en tout cas, nous étions quatre-vingt-dix dans une cellule de six mètres sur onze, avec interdiction formelle de parler. On n'avait pas le droit non plus de dormir avec les mains sous la couverture, afin d'empêcher les suicides ; il y avait aussi des cellules individuelles à la tour Pougatchev mais on y mettait uniquement les " invités " de marque. »

Au bout de deux ans à Boutyrka et condamné à huit ans de camp de redressement, on envoie Jacques Rossi à Norilsk, au-delà du Cercle arctique, sur la presqu'île de Taymyr, le combinat métallurgique créé en 1935 par le

NKVD, où il y aura jusqu'à soixante-dix mille détenus pour extraire le charbon, le nickel, le cuivre et le cobalt.

Je lui demande : « Quelle sorte de procès avez-vous eu ?

— J'ai eu droit au service " express ", répond-il. Au nom de la procédure dite " extra-judiciaire ", on vous condamnait à la déportation ou à la balle dans la nuque, sans autre formalité. J'ai été envoyé au goulag en tant qu'espion " à la solde de la France et de la Pologne ". J'ai appris plus tard que mon crime aurait, peut-être, été de parler plusieurs langues étrangères, mais comment savoir ? Tout prétexte était bon. On racontait cette blague dans les camps : " Pourquoi as-tu été arrêté ? demande un détenu au nouvel arrivant. — Pour rien, répond l'autre. — Et on t'a mis combien ? — Dix ans. — Tu es menteur ! Quand on est condamné pour rien, on vous colle vingt-cinq ans. Si tu as eu dix ans, c'est que tu as fait quelque chose. "

— Pensez-vous qu'en 1930 ou 1931 mon grand-père aurait pu être envoyé aux îles Solovki sans autre forme de procès ?

— Bien entendu. Le tout, pour le commissaire, était de trouver une formule d'inculpation et un article du code pénal. En général, c'était le fameux article 58 et l'un de ses quatorze alinéas, concernant les " crimes contre-révolutionnaires ", mis à toutes les sauces, qui faisait le reste.

— Cela vous paraît plausible que Savely Mazur ait pu mourir en prison au cours d'une rixe ?

— Il est très possible qu'il soit mort à la prison de Boutyrka, pour une raison ou une autre. En juin 1927, en une seule nuit, vingt prisonniers de Boutyrka ont été massacrés dans une cave, évidemment sans procès. Il y avait autre chose de redoutable : les " droits communs " qui, mélangés aux autres, faisaient régner la terreur. Cela pouvait aller jusqu'au meurtre. La police politique se servait des règlements de compte entre truands pour leur faire liquider au passage n'importe qui la dérangeait.

« Dans les camps, c'était encore pire. Les criminels de droit commun imposaient leur loi. Il y avait entre eux un jeu qui consistait, lorsque l'un d'eux perdait aux cartes, à miser sur un chiffre. Lorsqu'il annonçait, par exemple : “ le 2e ” ou “ le 3e ” ou bien “ le 4e ” ou encore “ le 5e ”, cela voulait dire qu'il tuerait celui correspondant à son choix, dès que celui-ci aurait franchi le seuil. Si cela tombait sur un gardien, il prenait le risque d'être aussitôt exécuté. C'était une forme de roulette russe.

« Dans un souci d'élégance, la règle du jeu prévoyait que l'on tranche la tête de la victime et qu'on la lance aux pieds du gagnant.

« En prison, c'était plus rare. A votre arrivée à Boutyrka, on vous retirait tous les objets métalliques, y compris la fermeture Eclair ou le tube de dentifrice. Et également la moindre mine de crayon ou le peigne en os. Cela n'empêchait pas de se faire étrangler au cours d'une bagarre. En revanche, dans les camps, les haches et les outils rapportés clandestinement du chantier circulaient, malgré les fouilles. Cela permettait les règlements de compte.

— Cela ne vous surprend pas qu'un homme de soixante-cinq ans, ce qui était l'âge de mon grand-père en 1931, ait pu se retrouver dans un convoi en partance pour Solovki ?

— Dans les camps, il y avait des “ zeks ” — des détenus — de tous âges. Y compris des enfants. Cela a commencé avec les enfants des paysans, les koulaks, et pendant la Grande Purge stalinienne de 1937-1938, on a envoyé systématiquement au goulag les enfants de plus de douze ans de tout condamné catalogué “ ennemi du peuple ”. Au cours de la deuxième purge, en 1947, les enfants, encore en liberté et devenus adultes, d'“ ennemis du peuple ” ou d'anciens républicains espagnols, ont été expédiés au goulag, pour une durée de dix à vingt-cinq ans. La mort de Staline en 1953 les a heureusement fait sortir du bagne. Quant aux personnes âgées et aux vieillards, il y en a eu à

Solovki comme ailleurs. Dans le meilleur des cas, s'ils avaient une spécialité professionnelle utile au camp, on les utilisait pour ce qu'ils savaient faire et se trouvaient, de ce fait, relativement protégés.

— Savely Mazur n'avait eu aucune activité politique dans le passé. Avez-vous une idée d'une des raisons pour lesquelles on a pu l'arrêter ?

— On n'avait que l'embarras du choix. Tout était prétexte à arrestation. Il y avait une histoire qui courait dans les prisons et au goulag. Celle du brave citoyen soviétique en train de se raser devant son miroir. Il se regarde bien en face et dit : “ L'un de nous deux est coupable. C'est toi ou c'est moi ? ”

« Le pouvoir s'offrait, en plus, le luxe de classer méthodiquement ceux dont il voulait se débarrasser. A l'époque où votre grand-père a été arrêté, après les années de relatif succès de la NEP de Lénine, Staline avait repris l'économie en main et la situation était devenue catastrophique. Il a donc commencé par faire arrêter les “ spetzy ”, les “ spécialistes-saboteurs ”, pour leur faire porter le chapeau de ses propres échecs. Il s'agissait de cadres industriels, d'ingénieurs, de personnages souvent éminents, dont il a décapité l'économie soviétique.

« Après quoi, il s'est occupé des “ entrepreneurs privés ”, c'est-à-dire des commerçants, des artisans et des anciens propriétaires de petites et moyennes entreprises qu'on avait laissés plus ou moins tranquilles pendant les années de la NEP.

« Plus d'un million de “ nepmans ” se sont retrouvés privés non seulement de leurs droits civiques mais aussi de cartes de rationnement et d'accès aux soins. Des dizaines de milliers ont été envoyés en prison, puis dans les camps. Votre grand-père avait, me semble-t-il, le bon profil. D'autant plus qu'il avait été condamné précédemment, sous la NEP.

« Peut-être avait-il refusé de devenir un indicateur de la

Tchéka. Pendant cette période qu'on qualifie un peu trop vite de “ libérale ”, il y avait eu en effet des ordres très précis donnés aux tchékistes pour qu'au moins 50 % des “ nepmans ” deviennent leurs informateurs secrets. Ceux qui ne marchaient pas ont été condamnés à diverses peines, notamment aux travaux forcés, sans privation de liberté, comme le fut votre grand-père, m'avez-vous dit. D'autres ont été menacés de la peine de mort.

« Il faisait peut-être également partie de la catégorie des “ spéculateurs ”. Autrement dit, tout citoyen ayant en sa possession, au début des années 1930, plus de trois roubles, alors que les pièces de monnaie venaient d'être remplacées par des billets, que la population, d'ailleurs, acceptait mal. A cette époque, si l'on était soupçonné de dissimuler de l'or — encore une autre catégorie —, il n'était pas rare qu'on soit torturé si on se refusait à indiquer la cache. C'est arrivé à des malheureux qui n'avaient pas un gramme d'or.

« Il y avait un autre motif qui rendait Savely Mazur éminemment suspect. C'était sa femme française et leurs enfants, réfugiés en France, bien qu'ils soient partis avant la révolution d'Octobre. Pour un commissaire, il n'en fallait pas plus pour coller l'étiquette d'“ espion ”. Sur une simple présomption d'espionnage, la Sécurité d'Etat était libre de prendre n'importe quelle sanction, allant jusqu'à la peine de mort. »

*

J'ai bien d'autres questions à poser à ce revenant du « pays de la danse et des claquettes », mais il se fait tard. La nuit des civilisés a commencé de tomber sur Montreuil et, bientôt, je risque de ne plus trouver mon salut entre le square Lénine et la place Jacques-Duclos, la rue Robespierre ou la rue Saint-Just et l'esplanade Benoît-Frachon ou la rue de la Révolution.

Il est temps de laisser le cicérone du goulag se reposer.

30

La justice rouge va vous guérir

J'ai donné rendez-vous à Jacques Rossi chez « Benoît », près du Châtelet. Ce n'est pas le temple des amuse-becs d'oiseau ni des pattes de sauterelle à la vapeur mais du foie gras aux lentilles, de la compote de bœuf à la parisienne et de la timbale de morue en aïoli. Cet homme qui a passé vingt ans de sa vie à subsister d'une ration de pain rassis, de soupe claire où baignaient quelques déchets et, les jours de fête, de hareng pourri, savoure lentement chaque bouchée, en fin connaisseur. Mais il peine à aller jusqu'au bout de son assiette.

« Vous qui avez si peu de gras sur les os, comment avez-vous fait pour tenir le coup pendant tant d'années ? »

Il me fait exactement la même réponse que ma cousine Adèle : « C'est très simple. Ce sont les moineaux qui s'en tirent le mieux. Les gros, les costauds sont les premiers à tomber. »

Tandis qu'autour de nous les coudes se lèvent, les verres se vident et les visages s'empourprent aux couleurs de la fête, il reprend posément le fil de son récit : « Quand je suis arrivé au camp de Norilsk, en 1939, j'ai vite compris quel bien précieux nous représentions pour le système communiste. En tant qu'êtres humains, nous n'existions pas, mais en tant que cobayes, ô combien ! »

Depuis la fin de 1921, quand le gouvernement de Lénine a mis à la disposition de la GPU, pour y « rééduquer » les ennemis du régime, l'archipel des Solovki — l'archipel du goulag par quoi tout a commencé —, des progrès extraordinaires ont été accomplis dans l'étude in vivo de la résistance physique des hommes.

« Au début, les “ zeks ” des camps du Cercle arctique travaillaient par moins 35°. Quand on s'est aperçu, dans les années 1930, qu'on pourrait sûrement faire mieux, la norme a été abaissée à moins 40°. La fabuleuse machine humaine a continué tant bien que mal à fonctionner !

« Il était conforme à la logique soviétique d'aller encore plus loin. Dans les années 1940 qui furent les miennes, la température minimale du travailleur des camps est passée à moins 55°. Et, tant qu'on y était, on a réduit le nombre des calories, histoire de vérifier si la pauvre locomotive de chair et de sang pouvait suivre.

« Quand on appartenait à la catégorie “ travaux pénibles ”, on était programmé pour 1 100 à 1 300 calories par jour. Je vous rappellerai, en passant, que la norme habituelle en Occident est de 3 100 à 3 900. Fallait-il encore, pour y avoir droit, manifester “ une attitude honnête envers le travail ”. Sinon, on passait automatiquement à la “ ration réduite ”, avec suppression totale de la viande, du sucre, des graisses et des pâtes. Il faut croire que ce n'était pas si mal pensé puisque, entre le milieu des années 1930 et 1941, la population du goulag est passée de plus de 950 000 à 1 950 000.

« Evidemment, sur les 12 à 18 millions de prisonniers — on ne saura jamais le chiffre exact — que l'URSS a conservés dans son laboratoire, dans les années 1940-1950, il y a eu des “ déchets ” par millions. C'était sans grande importance car il y avait toujours de nouveaux cobayes pour prendre la place des disparus. » Après une courte pose, mon convive laisse tomber : « Quelque temps avant l'ouverture de Solovki, un slogan officiel, épatant, avait fleuri sur les murs de Moscou : " D'une main de fer, acculons l'humanité au bonheur ! " On ne pouvait mieux dire, n'est-ce pas ? »

*

Dans notre petite salle surchauffée par le plaisir de vivre, cette conversation a quelque chose d'irréel. Peut-être la trouvera-t-on monstrueuse, mais l'idée me traverse l'esprit que, au contraire, ce n'est pas dans les cimetières qu'il faut parler de la mort, surtout quand elle est inique, et de la souffrance des hommes, surtout quand elle est ignominieuse, mais dans des lieux comme celui-ci, de bonheur paisible, où la vérité de l'horreur dérange et brûle jusqu'au fond de l'âme.

Sur Solovki, où lui-même n'est pas allé, Jacques Rossi a obtenu des informations de première main. Tout au long de sa vie de goulaguien, tant à Norilsk que dans les autres camps par où il est passé, après 1948, quand on lui a généreusement collé un « rab » de vingt-cinq ans, il a en effet croisé une grande quantité d'anciens de Solovki. Le plus « remarquable » de tous étant cette crapule de Notgev qui avait dirigé le camp jusqu'en 1925. La Grande Purge de 1937 l'avait emporté à son tour, nullement pour punir de sa bestialité cet alcoolique, ancien matelot du croiseur *Aurore*, qui se vantait d'avoir exécuté son propre frère, mais parce que, le plus banalement du monde, il était devenu un « ennemi du peuple ».

Jacques Rossi l'avait rencontré à Boutyrka, et l'homme avait parlé sans l'ombre d'un remords, racontant par exemple que, lorsque des détenus se plaignaient de leur sort, il leur donnait ce conseil : « Faites donc une petite grève de la faim », tandis qu'à d'autres, il offrait un bout de corde pour se pendre.

Il ne suffisait pas d'être expédié vers l'enfer de la mer Blanche, encore fallait-il y arriver. Un homme de l'âge de Savely Mazur pouvait-il surmonter les épreuves d'un voyage dont Jacques Rossi confirme les terribles aléas ?

De Moscou à Kem qui, sur la terre ferme, en Carélie, était le poste de triage du camp de Solovki, le parcours devait, en principe, s'effectuer d'une seule traite et durait environ trente-huit heures. L'archipel étant plongé pendant six à neuf mois dans les ténèbres de la nuit polaire et inaccessible de par la présence des blocs de glace flottant sur les eaux, seuls l'été et le début de l'automne permettaient aux convois de passer.

Avec les terribles gelées de novembre, la nuit polaire s'installait dès 2 heures de l'après-midi, déchirée par les formidables ouragans qui, déferlant depuis le pôle Nord, soulevaient la mer comme une crêpe. Il est important donc de ne pas laisser passer le bon moment.

Des groupes de cinq cents détenus quittaient Boutyrka de nuit et étaient emmenés sous bonne garde jusqu'à la gare. Il arrivait que, mis au courant, Dieu sait comment, des parents, des amis tentent de s'approcher pour embrasser une dernière fois celui qu'ils ne reverraient sans doute jamais. Les tchékistes, baïonnette au canon, les écartaient sans ménagement, et les prisonniers étaient poussés à l'intérieur des wagons à bestiaux peints en rouge, prévus pour quarante-six personnes et où s'entassaient plus d'une soixantaine, généralement couverts de vermine et qui disposaient en tout et pour tout d'un seul seau d'eau par wagon.

À chaque porte veillait une sentinelle qui empêchait les détenus, couchés par terre, serrés les uns contre les autres, de bouger. Celui qui tentait de se gratter se voyait aussitôt gratifié d'un coup de crosse.

A leur arrivée à Kem, les gardes jetaient les hommes hors des wagons, et, quand cela n'allait pas assez vite, ils les frappaient sur la nuque. Les plus vieux tombaient fréquemment dans le vide, la tête la première, et ne se relevaient pas.

C'étaient peut-être les plus chanceux. Ils n'embarqueraient pas à bord de l'un des deux bateaux à vapeur qui faisaient la traversée en trois ou quatre heures et ne goûteraient jamais au bonheur socialiste de l'école du goulag.

La durée du séjour à Kem était imprévisible. Seule était certaine la mise au pas des prisonniers, dès leur arrivée. On leur apprenait en effet aussitôt à obéir à leurs chefs, en leur faisant hurler, au garde-à-vous pendant des heures, les mêmes phrases de soumission. On les faisait également courir inlassablement autour d'un poteau, en criant : « Levons les pieds ! Levons les pieds ! » Et, histoire de les dresser, les éventuels récalcitrants étaient envoyés nus « aux moustiques », avec interdiction, sous peine d'être battus, de bouger, sous l'assaut des insectes, tourbillonnant en nuées.

Une distraction qui amusait beaucoup les gardiens de Kem et ne manquait pas de procurer également bien du plaisir à leurs collègues de Solovki.

Les convois, en provenance du sud, étaient encore plus mal lotis. Ils ne passaient pas nécessairement par Moscou mais par Kotlas, d'où ils étaient embarqués sur la Dvina, jusqu'à Arkhangelsk, d'où enfin ils gagnaient Kem. En 1929, un de ces convois dut faire quatre cents kilomètres à pied par moins 45°, avec pour toute nourriture quotidienne, pendant quinze jours, un hareng et cinq cents grammes de pain rassis. Les cadavres s'amoncelaient le long de la route, aussitôt raidis par le gel.

*

En mars 1931, au VIe Congrès des soviets, M. Molotov, président du Conseil des commissaires du peuple, lâche une information qui, en Occident, n'émeut pas grand monde : « 1 134 000 personnes, dit-il, sont occupées maintenant dans les forêts du Nord. »

Il ne précise pas que tous sont « travailleurs forcés » dans les « camps des Solovki à destination spéciale », sous le sigle Slon.

*

Il n'y a pas si longtemps, ce monde de glace et de terreur, dont je m'étais rapproché par mes seules lectures, de Kravenchko à Chalamov, était encore pour moi une sorte de mirage sanglant, suspendu dans le brouillard lointain de la mémoire. Près de cet homme dont chaque centimètre de peau porte l'invisible tatouage où s'est incrusté un quart de siècle de crime absolu, j'éprouve la sensation de faire à reculons le voyage aux enfers de Savely Mazur. Il me faut en savoir davantage sur ces enfers dont seuls les initiés peuvent comprendre la topographie et décrypter le langage.

J'ai lu que la population des Solovki comptait 4 000 détenus en 1923 et plus de 650 000 quand mon grand-père l'a peut-être rejointe. Comment était-ce possible sur un archipel de six îles, dont la plus grande a quinze kilomètres de long et vingt-cinq de large ?

La réponse se trouve évidemment parmi les 1 300 articles du *Manuel du goulag*, mais rien ne remplace, à mes yeux, la voix de son auteur, pour qui chacun des mots qu'il prononce porte la marque de la brûlure glaciale d'un souvenir vécu ou rapporté. Solovki est l'histoire d'une tumeur qui propage ses métastases à une vitesse monstrueuse.

Quand, en 1922, la Guépéou prend possession de l'archipel où est né, sous Ivan le Terrible, l'un des plus puissants foyers religieux de Russie et, accessoirement, un bagne, entre les murs du monastère-forteresse, 5 000 militants socialistes ou anarchistes viennent d'être expédiés au camp de Kholmogory, près d'Arkhangelsk. L'année précédente, ils avaient participé au mouvement de soutien populaire à la mutinerie des marins de Kronstadt. Excédés par trois ans de dictature bolchevique, ils avaient réussi à s'enfuir jusqu'en Finlande, en traversant d'immenses espaces glacés. Puis, sur la promesse d'une amnistie, la plupart étaient rentrés au pays.

Aussitôt arrêtés par les tchékistes, ils s'étaient retrouvés enfermés à Kholmogory, sur le fleuve Dvina.

Kholmogory, la cellule où le cancer s'épanouit depuis 1920 quand Kedrov, qui sera d'ailleurs interné dans une maison de fous, a fait mitrailler 1 200 officiers de l'Armée blanche, rassemblés sur des péniches, puis, lors d'une seule journée de « justice rouge », a fait exécuter 2 000 paysans et cosaques du Sud. La Tchéka a encore perfectionné sa technique en renouvelant la pratique des noyades, mise au point à Nantes, pendant notre Révolution, par l'inoubliable Carrier. Quatre mille anciens officiers et soldats de l'Armée blanche de Wrangel ont ainsi disparu dans le fleuve Dvina. On appelait alors Arkhangelsk ce « balcon » de Pierre le Grand sur la mer Blanche, la « Ville des Morts ». Jusqu'au jour où la Tchéka a décidé le transfert des détenus à Solovki, maintenant prêt à les recevoir, au nom du « travail forcé régénérateur ». Elle ne disait pas à ceux qu'elle venait d'arrêter : « Nous allons vous punir et vous faire souffrir » mais, au contraire : « Nous allons vous guérir. »

31

Elles valsaient, dans les robes des fusillées

Quelque temps plus tard, j'ai l'occasion de me procurer la cassette du film documentaire tourné en 1988 par la cinéaste soviétique Marina Goldovskaïa, *Le Pouvoir de Solovki.*

Conservé « au frais » pendant quelques années, il a fini par parvenir en France où il a été projeté à la télévision, avec une présentation, très émouvante, d'Yves Montand. En dépit de ce parrainage, je n'ai pas souvenir que la presse en ait beaucoup parlé, car même en cette fin du XXe siècle, en dépit des montagnes de documents publiés, le goulag n'a toujours pas très bonne presse.

On finira, non sans mal, par faire accepter l'idée — et encore pas par tout le monde, tant s'en faut — que le choléra rouge et la peste brune sont de vieux complices ; les variations simultanées de l'idéologie totalitaire pour grand orchestre de la mort. Le temps n'est pas si éloigné où Jacques Rossi, qui avait publié en 1987 son *Manuel du goulag*, à Londres, en langue russe, se désespérait de pouvoir trouver, enfin, un éditeur en France, car, lui répondait-on : « Votre livre risque d'être récupéré par l'extrême droite. »

*

Marina Goldovskaïa fait parler des anciens de Solovki, vieillards brisés mais d'une admirable dignité et à la mémoire intacte, comme Dimitri Likatchev, condamné à dix-sept ans de bagne pour avoir écrit un rapport favorable à l'orthographe ancienne qu'on avait décidé de remplacer, ou l'écrivain Oleg Volkov, qui écopa de vingt-sept ans de goulag pour s'être refusé à devenir indic. Mais, surtout, elle a réussi à récupérer un document filmé d'un intérêt exceptionnel, dont elle a inclus de larges extraits dans son court-métrage. Il s'agit du film de propagande réalisé au cours de l'été 1928 à Solovki par une équipe de la Guépéou, sous la direction du cinéaste Arkhangelski.

De la première à la dernière image, c'est un édifiant florilège de trucage et de mensonge, comme les nazis en réaliseront plus tard à Theresienstadt et ailleurs, afin de donner un visage avenant à la Solution finale. Arkhangelski a mis en scène le Solovki « idéal » qui, cinq ans plus tôt, avait pris forme avant de plonger dans une réalité autrement cauchemardesque.

Il nous raconte la journée des « gentils membres » du sympathique club de vacances lancé par Lénine, et Dieu que la vie y est belle ! On n'en fera jamais trop pour remettre sur le droit chemin ces vilains garçons qu'avec un peu de patience on vous promet de transformer en bolcheviques modèles. Entre les parties d'échecs et les joyeuses tablées, nappées de blanc étincelant, où les plats défilent allègrement, la gymnastique en plein air et les éclats de rire de la baignade, les après-midi de lecture à la bibliothèque et les soirées théâtrales où des jolies filles fardées, en robe imprimée, applaudissent à tout rompre, ça oui, nos chers sauvageons n'ont pas le temps de s'ennuyer.

La Guépéou a peaufiné l'idyllique tableau en expédiant à Solovki, pour les besoins du tournage, un orchestre de valses viennoises et en habillant les déportées — en fait, toutes des prostituées, au service personnel des gardiens — de robes récupérées sur des « contre-révolutionnaires » fusillées à Moscou.

De fait, quand le camp est devenu opérationnel en juin 1923, après que les tchékistes eurent exterminé ou déporté les moines de ce monastère qui comptait parmi les plus illustres de Russie, ce n'était pas tout à fait la vie de château, mais pas loin. Il y avait un orchestre symphonique, des équipes sportives, des cercles scientifiques, littéraires, artistiques, un centre pour l'étude de la flore et de la faune, et l'on imprimait des revues et des journaux, dont l'un se nommait « L'Eléphant », autrement dit *Slon* en russe, qui est, fort à propos, le sigle des Camps du Nord à destination spéciale. Il y avait même un théâtre qui fonctionnait plusieurs fois par semaine. Il a eu la visite d'officiels venus de Moscou, et quand le chœur des détenus a entonné le refrain d'une de ses compositions préférées :

Tous ceux qui nous ont comblés
Nous les invitons : venez vite à Solovki !
Quand vous aurez passé ici deux, trois, cinq ans,
Vous vous en souviendrez avec délices.

ces messieurs de la Guépéou ont ri de bon cœur et applaudi très fort. Il ne leur restait plus, ensuite, qu'à envoyer à leurs familles une jolie carte postale, avec, par exemple : « *Bons baisers du goulag.* »

*

Les 150 premiers détenus arrivent le 6 juin 1923. D'autres les rejoignent à un rythme accéléré. Environ 10 % sont des « droit-commun », et les femmes, des prostituées. Les autres sont des « politiques » ou des « contre-révolutionnaires ».

Les « politiques », bientôt au nombre de 320, sont composés de sociaux-démocrates, de socialistes révolutionnaires ou d'anarchistes. Les « contre-révolutionnaires » sont un mélange hétéroclite d'officiers tsaristes — qui seront d'ailleurs nombreux à passer « de l'autre côté » et à enfiler l'uniforme de geôlier —, de dignitaires de l'ancien régime, de fonctionnaires, de juges, d'avocats, de popes, de prêtres, de moines, de membres de sectes religieuses, d'anciens industriels, d'anciens propriétaires fonciers, de « spéculateurs », de Russes revenus de l'étranger sur la promesse de vivre une vie normale, ou même de Russes qui ont des parents dans l'émigration.

Les « politiques » — détenus privilégiés — sont hébergés dans trois anciens cloîtres, situés à une dizaine de kilomètres du monastère, au milieu d'une nature splendide, ils disposent de bonnes chambres bien chauffées qui avaient été aménagées par les moines, et, sans l'ombre d'une sentinelle, ils sont libres de leurs mouvements, dans les limites du terrain qui leur a été dévolu et où un jardin potager leur permet d'améliorer l'ordinaire. Un ordinaire d'ailleurs tout à fait décent puisque la ration quotidienne de pain, de poisson ou de viande, de céréales, de graisse ou de sucre est égale ou même légèrement supérieure à celle des soldats.

On leur a donné le droit de s'abonner à des journaux étrangers, comme *L'Humanité* et l'organe du PC allemand, *Rote Fahne*. En revanche, les journaux socialistes, comme *Le Populaire*, leur sont interdits.

Enfin — ce n'est pas la moindre des faveurs —, les « politiques » ne sont pas astreints à travailler. Ils sont, en outre, autorisés à recevoir les visites de leur famille.

Puis, bientôt, avec l'arrivée de l'hiver polaire, les conditions de vie se dégradent rapidement. Le scorbut et la tuberculose se répandent parmi les détenus.

Le 19 décembre 1923, soit un peu plus de six mois après l'ouverture du camp, un ordre du commandant interdit aux prisonniers de se tenir dans leur espace réservé après 18 heures. A 17 h 30, alors que les détenus, qui ne savent encore rien de ce changement d'horaire, se promènent tranquillement, les gardiens ouvrent le feu, par trois fois, au commandement de « Tirez sur les cibles ! »

Six sont abattus, dans le dos et à bout portant, dont deux femmes.

Aucun des coupables ne sera puni et, en dépit de la création d'une commission d'enquête, Notgev, responsable de la tuerie, restera en place sans être inquiété. La ration alimentaire renforcée, dite « polaire », consentie aux « politiques » sera supprimée, et, le nombre des malades ne cessant d'augmenter, une grève de la faim collective, de quatorze jours, va éclater en septembre 1925.

L'Internationale socialiste et la Fédération syndicale d'Amsterdam sont au courant depuis un certain temps de ce qui se passe à Solovki. Les journaux de l'émigration russe en Occident leur ont emboîté le pas, documents à l'appui.

En guise de contre-feu, *L'Humanité* a publié un rapport d'origine soviétique où l'on peut lire, à propos des détenus politiques : « Ils ont des exigences exagérées. Ce qui exerce une influence déplorable, c'est évidemment l'absence de travail physique systématique, particulièrement bienfaisant, dans ce climat, en hiver. Il est démontré que ce qui est le plus malfaisant dans le climat septentrional, c'est l'habitude d'être toujours couché en lisant un livre, ce qui diminue la résistance de l'organisme au scorbut et autres maladies. »

Un peu plus loin : « Les revendications des anarchistes et socialistes détenus montrent à chacun, même s'il n'a jamais été dans les anciennes prisons russes ou les françaises et anglaises actuelles, où la bourgeoisie maintient les communistes et ceux qui luttent pour l'émancipation nationale, que ces gens ne se basent ni sur le bon sens, ni sur les possibilités financières. »

Quelques semaines plus tard, la même *Humanité* qui, dix ans plus tôt, était encore le journal de Jean Jaurès, enfonce le clou, en écrivant : « Le rapport du procureur soviétique dit qu'on cessa de donner aux détenus leur ration d'eau chaude pour les obliger à couper du bois, travail très sain auquel un empereur déchu ne dédaigna pas se livrer dans son exil » (allusion à Guillaume II, en très confortable exil, dans un château aux Pays-Bas).

Soucieux malgré tout de son image à l'étranger, le gouvernement des soviets donne le sentiment de vouloir couper court aux critiques en décrétant, le 10 juin 1925, que « les membres des partis antisoviétiques, condamnés pour des crimes politiques, ne seront plus envoyés aux camps de Solovki ». Ceux qui s'y trouvent sont envoyés dans les camps sibériens, et si, à l'automne de la même année, des « politiques », nouvellement arrêtés, sont bel et bien expédiés vers l'archipel, on les place sous le régime des « droit-commun ». N'est-ce pas plus simple ainsi ?

Débarrassé de son étiquette politique et désormais à l'abri de toutes les criailleries des faux-frères du socialisme dégénéré, à l'occidentale, les administrateurs du *Slon* vont pouvoir se mettre sérieusement au travail et permettre à Solovki de s'épanouir totalement dans sa vocation de « camp de redressement par le travail », jalon essentiel, comme le fait remarquer ironiquement Jacques Rossi, « vers l'avenir radieux ». Les as de la Guépéou, héritière de la Tchéka, avant d'apparaître sous les traits du NKVD, feront merveille au « pays de la danse et des claquettes » où la vie humaine n'a pas plus d'importance qu'un claquement de doigts ou le bruit d'un rameau pris par la glace qui se brise.

Quatre mille détenus en 1923, près de 40 000 en 1928, 300 000 en 1932, 650 000 deux ou trois ans plus tard : c'est plus qu'un succès, un triomphe pour cet enfer que les déportés surnomment par dérision « le Paris des camps du Nord ».

Slon, l'éléphant, a tellement grossi que, ne pouvant plus caser son monde dans les six îles de l'archipel des Solovki, il a, à l'instar de quelque grand magasin prospère, ouvert des succursales multiples sur le continent. Plus précisément dans l'interminable espace de lacs et de forêts de la Carélie orientale, qui confine avec la Finlande du lac Lagoda jusqu'à Mourmansk, et que l'Armée rouge a annexé, après la révolution d'Octobre et la proclamation de l'indépendance finnoise.

Là, dans la solitude glaciale de l'hiver arctique, naît et meurt — surtout, meurt — l'immense « peuple bûcheron » qui, affamé, vêtu de guenilles, terrorisé jour et nuit par des gardiens sadiques, échauffés de vodka, le plus souvent des « droit-commun », doit abattre, à coups de hache, l'armée innombrable des troncs géants qui jonchent la voie gelée vers le socialisme.

Par ailleurs, à proximité du lac Onega, près de 300 000 d'entre eux, hommes et femmes, dont 100 000 succomberont, vont creuser de leurs mains l'un des mensonges les plus insensés de l'histoire soviétique : le Belomorkanal, long de 240 kilomètres, mis en service au bout du temps record de vingt mois et dont on s'apercevra, après son inauguration solennelle, qu'il ne peut servir à rien.

Pour répondre au délai intenable fixé par Staline, la Guépéou a fait piocher ce canal qui doit relier la Baltique à la mer Blanche, à la moitié de la hauteur nécessaire au passage de navires d'une certaine importance. Mieux encore, elle a indiqué une fausse date d'ouverture du chantier, prétendant que les travaux avaient commencé en 1932, alors qu'en réalité ils avaient débuté en 1931. Une illustration flamboyante du système de la *toufta* (le rapport falsifié, le mensonge élevé au niveau d'une institution) qui, rééditant le coup de bluff des « villages Potemkine », à la fin du XVIIIe siècle, où des façades factices et des comédiens déguisés en paysans avaient abusé

Catherine II, se répandra bientôt à tous les échelons de l'administration soviétique pour dissimuler ses échecs.

Sans être dupe le moins du monde, Staline a fait décorer les responsables du canal de la mer Blanche et a accordé une amnistie à un certain nombre de travailleurs déportés. Il fallait absolument, à ses yeux, que ce monstrueux gâchis passât pour un grand succès.

Le *Slon*, qui règne à présent sur des centaines de milliers d'êtres humains, agit comme un Etat dans l'Etat. Un Etat insulaire qui incarne les fameuses « Valeurs de Solovki », énoncées dans ce slogan : « C'est le travail qui sauvera le monde. »

Il dispose d'un immense territoire, d'une administration, d'une armée, d'une petite flotte, d'un train, d'un avion et d'une gestion quasi autonome qui permet « d'une main de fer, d'acculer l'humanité au bonheur ».

C'est en toute tranquillité d'esprit que Notgev, le chef du camp, peut accueillir les nouveaux arrivants par ce jeu de mots : « Sachez qu'ici, ce n'est pas le pouvoir soviétique mais le pouvoir soloviétique. »

32

Le « mensonge salutaire » de Maxime Gorki

Je passe et repasse la cassette du *Pouvoir de Solovki.*

Dans la prison-monastère, les archives sont répandues par terre, la plupart détruites. Je sens que je n'aurai aucune chance de découvrir quoi que ce soit concernant mon grand-père, mais ce n'est pas pour trouver un papier que je veux aller aux Solovki, c'est pour toucher physiquement l'enfer où, peut-être, il a été englouti.

Un autre passage me retient car il renferme tous les ingrédients du cauchemar totalitaire : la falsification et le mensonge permanents opérés par les autorités, l'impuissance des malheureux qu'elles écrasent de leur domination, la lâcheté humaine, trop humaine, de ceux qui savent, qui pourraient dire et pourtant se taisent.

Nous sommes en 1929, l'année où Savely Mazur est venu à Paris, est retourné en Russie et a disparu à tout jamais.

Maxime Gorki qui, pour la deuxième fois depuis 1918, a dû quitter à nouveau, en 1921, la Russie des soviets où il avait tenté de défendre la cause de la culture, vient finalement de rentrer à Moscou. Gorki, c'est l'icône de la Révolution. Le Victor Hugo de la Cause, le saint Jean Bouche d'or du Grand Chambardement. Ses paroles sont paroles d'Evangile.

Embarrassé par la publication à Londres du témoignage, qui a fait grand bruit, du capitaine Malsagoff, sur Solovki, *An Island Hell* (« Une île d'enfer »), et, à Paris, de celui de Youri Beszonov, ancien capitaine de la « Division sauvage » de la cavalerie caucasienne, *Mes 26 prisons et mon évasion de Solovki*, le gouvernement soviétique invite le célèbre écrivain à visiter l'île de la mer Blanche.

Arrivé le 20 juin 1929, Gorki va y rester, en tout et pour tout, trente-six heures. Sa visite est « montée » avec un soin extrême. Tout ce qui pourrait lui déplaire est supprimé, comme par exemple les rapports sur les exécutions de détenus ou mis à l'écart, comme les prisonniers trop mal en point ou ceux soupçonnés d'avoir le courage de parler. Les tchékistes « déblayent » le terrain, exactement comme le feront, douze ou treize ans plus tard, les SS accueillant dans leurs camps les émissaires de la Croix-Rouge internationale ou les observateurs des pays neutres.

La mascarade comporte des visites inoffensives à la briqueterie, à la ferme des gardiens, à la colonie « des enfants abandonnés » auxquels, pour la circonstance, on retire leurs guenilles, remplacées par des vêtements neufs, et qu'on installe dans un baraquement avec de vrais lits, au lieu des planches habituelles. Il y a également un concert donné par le chœur des détenus, l'assistance, triée sur le volet, étant composée des tchékistes et de leurs amies prostituées et de ceux des goulaguiens, considérés comme « sûrs », pour avoir, par exemple, dénoncé tel ou tel de leurs camarades.

A l'ermitage du mont Sekirka qui sert de cachot pour les punis, de lieu d'exécution, et où les gardiens font preuve d'une férocité redoutable, on lui fait admirer la vue merveilleuse sur l'océan de verdure, « incrusté des centaines de miroirs des petits lacs où se mire la cime des arbres ». Mis en présence de détenus qui tous tiennent un journal entre les mains, il ne peut pas ne pas remarquer que chacun tient le sien à l'envers.

Sans dire mot, le grand homme s'approche et remet l'une de ces feuilles à l'endroit. Il veut signifier par ce geste qu'il a compris le message. D'ailleurs, selon l'écrivain Dimitri Likatchev que l'on entend dans le film de Marina Goldovskaïa, Gorki aurait dit, lors de la visite du lazaret, trop bien tenu pour être vrai : « Je n'aime pas les mises en scène. » Or, dans son reportage des *Izvestia*, repris en France par *Monde*, l'hebdomadaire dirigé par Henri Barbusse, la « grande conscience » du régime soviétique louera sans la moindre retenue « la sagesse et l'humanité des tchékistes ». Pas la moindre allusion à la mystification dont il a été le témoin conscient et lucide. Au contraire, il a l'aplomb d'affirmer : « Solovki est l'école préparatoire au travail bolchevique. Son but est d'abolir les prisons. »

Pour se justifier, il évoquera en privé le « mensonge salutaire » qui a inspiré son article.

La visite de Gorki sera une aubaine pour la direction du camp. Plus que jamais à son aise, celle-ci pourra, quatre mois plus tard, dans la nuit du 28 octobre, procéder, à la lumière des torches, à l'exécution massive, à quelque distance des murailles du monastère, de prisonniers dont le nombre est estimé, aujourd'hui, entre 300 et 600. Le massacre s'est déroulé en face d'une baraque occupée par des femmes détenues. L'une d'elles, la comtesse Severki, a vu son mari abattu d'une balle dans la nuque. Parmi les exécutants de la tuerie, il y avait un tchékiste qui avait tué son propre père, comme « ennemi de classe ».

Un témoin a rapporté que, le lendemain, la fosse, où l'on avait jeté pêle-mêle les victimes, « bougeait encore ».

*

Depuis des années, je ne rêve plus, ou bien, si cela m'arrive, tout s'efface au réveil, comme sous un grand coup d'éponge.

Cette nuit, j'ai rêvé et j'ai tout gardé. Que je commence par le début, par la fin ou par le milieu, le film déroule ses images en boucle, toujours les mêmes, gravées avec la précision d'un ciseau d'acier. La nuit blanche est glaciale mais je n'ai pas froid. Je suis sur le rivage, à l'orée d'un bois de bouleaux, courbé sous le vent. Le ciel est vide de lune et d'étoiles, comme enveloppé d'un immense suaire blanchâtre. En face de moi, l'horizon est en feu. Ce n'est pas un incendie, seulement le rougeoiement intense et terrifiant d'un hérissement de cheminées qui crachent des flammes, et d'étranges hauts-fourneaux qui s'enroulent sur eux-mêmes, comme la Tour de Babel, jusqu'à disparaître très haut dans l'infini.

Une barque passe devant moi, vide. Je la hèle. Elle s'arrête. Je monte à bord. Il n'y a pas de rames. Elle file pourtant droit vers le large et me dépose sur l'autre rive.

Je marche dans une rue de terre battue, bordée de maisons de bois aux volets fermés d'où ne perce aucune lumière. Je suis entouré de flammèches qui retombent en se consumant aussitôt et ne me causent donc aucun mal.

J'aperçois enfin un rai de lumière sous une porte. Je tourne la poignée et me retrouve à l'intérieur de ce que je pense être une auberge.

Des hommes, pour la plupart barbus, recouverts d'une capote en gros drap épais et coiffés de bonnets fourrés, sont assis autour d'une longue table. Ils boivent de l'alcool au goulot, et beaucoup semblent ivres.

Je m'approche et demande quel est le nom de cette ville. Un des hommes s'esclaffe et, se tournant vers ses compagnons, lance à la cantonade : « Il demande comment s'appelle cette ville ! » Même ceux qui somnolent, la tête posée sur leurs avant-bras, se réveillent et se mettent à rire. Ils se donnent entre eux des bourrades et, riant de plus belle, s'exclament : « Tu as vu une ville, toi ? Il n'y a jamais eu de ville ! »

L'un d'eux se lève en titubant et, approchant son visage du mien, dit : « Monsieur voudrait peut-être visiter ? » Puis, se tournant vers ses compagnons, lance : « Venez, vous autres ! On va lui faire visiter. »

A ce moment, poussée par une violente tornade, la porte s'ouvre. D'un coup, les capotes des hommes tombent simultanément à terre. Leurs bonnets et leurs bottes, en revanche, sont restés en place, mais entre les deux, il n'y a que des squelettes immobiles. L'un est différent des autres. Ses orbites ne sont pas vides. Dans les siennes, il y a des yeux, d'un noir anthracite, grands ouverts, fixés sur moi, sans expression. Morts.

Je remonte dans la barque qui, d'elle-même, comme à l'aller, se dirige vers le large et me reconduit là d'où je suis venu. Sur les troncs des bouleaux, il y a des taches rouges qui n'y étaient pas tout à l'heure. J'y passe la main. Je crois bien que c'est du sang. Il s'écoule comme une résine, s'étend, et, bientôt, c'est la forêt tout entière qui est devenue rouge et qui saigne.

33

L'été indien à 150 kilomètres du Cercle arctique

« L'archipel des Solovki est une pierre précieuse : quel que soit le temps que vous passiez à le contempler, il est toujours différent, il réfracte la lumière, il joue de ses facettes. »

Mariusz Wilk est mon guide. Son livre, *Le Journal d'un loup*, paru l'année précédente en France, ne me quitte pas pendant ce séjour de l'été 2001. Mariusz vit à Solovetski (Solovetski est la Grande Ile des Solovki), dans une maison de bois. Une drôle d'idée d'avoir planté sa vie au milieu du néant de la mer Blanche quand on a, comme lui, une jeune et jolie femme. Mais tous deux s'y plaisent. Ils aiment l'incompréhensible, le flou, l'incertain et, qui sait, la présence invisible de Dieu.

Un bonnet de fourrure blanche sur la tête, un fusil sur l'épaule, il s'en va chasser le canard mandarin et l'oie sauvage. Quand le printemps rompt les amarres de glace, il part avec ses amis pêcheurs relever les filets posés au large où frétillent de gros harengs gras, les meilleurs de Russie, dont le tsar attendait chaque année, avec gourmandise, d'en recueillir l'offrande traditionnelle.

Le reste du temps, ce reporter, emprisonné à l'époque héroïque de Solidarnosc, parcourt les grands espaces où s'embrouillent, dans une clarté magique, le passé, le présent et le futur, et revient dans son isba d'où il envoie ses chroniques à la revue polonaise de Paris, *Kultura*.

Solovki est de toute éternité une prison. Les plus chanceux, comme Mariusz, ont le statut de prisonniers libres. Prisonniers de leurs rêves, de leur vagabondage et de leur fascination devant l'incroyable beauté de cet enfer-paradis.

Lui-même n'a pas son pareil pour décrire l'hiver qui s'abat comme un coup de hache sur l'archipel, parfois dès octobre, faisant couler, dans la neige, la nature et les hommes et transformant la mer Blanche en caillou. A moins que le Gulf Stream, souvent facétieux, ne brise la glace. Alors, les icebergs vont dans tous les sens, et il n'est pas question pour un bateau de tenter la traversée. La mer et le littoral se compotent dans la même « gelée de pois » qui collait à la peau du bagnard sibérien, Fiodor Mikhaïlovitch Dostoïevski.

Puis, annoncée par les *tchaïka*, les mouettes, fonçant au ras des vagues, depuis la ligne d'horizon, se lève la première tempête de printemps, quand la glace se transforme, comme le dit Mariusz Wilk, en « lait caillé ». Sternes, macreuses, guillemots, mésanges huppées, macareux, pies de mer... (j'arrête, car il y a plus de 250 espèces d'oiseaux dans l'archipel) : le ciel n'est qu'un long cri et un battement d'ailes sans fin. C'est le signal donné à la nuit sans sommeil, à la longue nuit blanche qui traînera jusqu'à la fin juillet. La mer, aplatie d'une claque, s'offre, docile comme un miroir, à la ronde des bleu outremer, violet ou amarante qui traversent l'éventail céleste. Les hommes, les animaux, les arbres, rien ne demeure qui ne soit englouti dans le royaume des ombres. Simple illusion car, pendant ce temps, la nature macère doucement, pour préparer son réveil.

L'été déboule d'un coup, gorgeant d'un soleil torride les habitants et les bêtes qui s'ébrouent, au sortir du long sommeil. Il couvre les prés de renoncules, de myosotis, de violettes, de campanules, de reines des prés, et les clairières aussi bien que les tourbières, de fougères, de bruyères, de canneberges, de pyracanthas ou de berberis. Les jardins potagers dressent la table de leurs salades, choux-fleurs, navets, radis, carottes, petits pois, rhubarbes, fraises, pêches, herbes aromatiques et, bien sûr, de leurs jolies patates rondes et dodues qui font le travail toutes seules, ce qui arrange bien les habitants, dont Mariusz dit, en rigolant, que ce sont tous de sacrés flemmards... J'arrive à temps pour récupérer la fin de l'été. Elle m'enchante.

L'été indien à cent cinquante kilomètres du Cercle arctique.

Me serais-je trompé ? Est-ce bien ici le pays fatal, dans ce paradis perdu, au creux de la mer Blanche ? J'ai avec moi un autre « guide » pour me confirmer l'amère vérité. A Paris, Jean-Louis Panné, grand spécialiste du mouvement ouvrier français, un des coauteurs du fameux *Livre noir du communisme*, a bien voulu me communiquer son travail sur le bagne de Solovki, comportant, en particulier, une série d'articles publiés entre 1926 et 1933 dans *La Russie opprimée.* C'est peu dire de ces témoignages de déportés qui ont survécu, ont réussi à s'évader, ou encore de gardes tchékistes, réfugiés à l'étranger, qu'ils sont terribles. Ils seront le contrepoint de mon enchantement de « touriste ».

En face de l'isba-auberge de quelques chambres qui nous accueille, mon accompagnateur et moi, se dresse un décor, fin prêt pour une représentation du *Coq d'Or* ou du *Prince Igor.* En fond de scène, une muraille cyclopéenne, couleur de rouille, tapissée de lichen, d'où de minuscules fleurs blanches pointent la tête, et, à l'intérieur de cette couronne, longue de plus d'un kilomètre, jaillit un Kremlin d'opéra qui brandit, en gloire, les flèches de ses deux cathédrales et de ses cinq églises, entre les toits de ses palais, de ses cloîtres et de ses galeries en étage.

De loin, le décor tient debout et il est merveilleux. De près, il donne l'impression de tanguer à la manière d'un moujik éméché. Depuis que les moines ont eu, en 1990, la permission de rentrer enfin chez eux, des travaux assez considérables ont été entrepris, et l'Unesco a classé le monastère au « Patrimoine mondial de l'humanité ». Si, sous huit bulbes enturbannés de bois en fines tuiles, la cathédrale de la Transfiguration a retrouvé sa blancheur, si, de l'église de la Nativité, s'élèvent à nouveau des chants célestes, et si le père Antoni peut faire sonner son carillon, en revanche le prodigieux réfectoire de l'église de l'Assomption, le plus vaste de Russie, est comme un grenier abandonné, autour de l'unique et colossal pilier central de trois mètres de large qui, depuis l'époque d'Ivan le Terrible, le soutient. Autour des cours que traversent d'un pas rapide des popes qui font semblant de ne pas vous voir, les façades criblées de trous, les escaliers extérieurs déglingués, les toits crevés et, sur les pavés disjoints ou le sol boueux, les débris d'un cataclysme qui jonchent encore le sol laissent penser qu'en cherchant bien on pourrait débusquer quelques tchékistes oubliés dans un coin. Dans cet enchevêtrement de splendeur et de déglingue défilent les images d'un des passés les plus glorieux de la vieille Russie que saints et pécheurs, victimes et bourreaux ont traversé, intimement liés les uns aux autres.

Un œil sur la Baltique, un autre sur la mer Blanche et la tête sur les genoux de Dieu, Ivan IV le Terrible construit sur cette île déserte le plus grand monastère fortifié du Nord. La Croix pour la Sainte Russie, l'Epée contre ces sauvages de Suédois qui dérangent l'empire. Dans les cellules, des moines savants, et, dans d'autres cellules — celles-ci munies de barreaux —, des prisonniers de marque, qui n'en finiront pas de se succéder. Quel que soit le rang, dès que l'on dérange un peu un tsar, on est bon pour les Solovki. Entre deux offices, les moines s'exercent à tirer le canon, à bâtir églises et couvents, avec l'aide des maîtres charpentiers de Novgorod, à aménager les lacs, percer des canaux, extraire le sel, le mica, le fer, et à gorger leurs chapelles d'or, d'argent, de pierreries et d'ivoire précieux. Leur renommée spirituelle gagne toute la Russie, en ce milieu du XVIe siècle. Mais tout se gâte quand, à Moscou, le patriarche Nikon, s'inspirant du rite grec orthodoxe, chamboule la tradition.

Solovki ne veut pas en entendre parler et, au milieu du XVIIe siècle, éclate la révolte des vieux-croyants. Un millier de *streltsy* (les « forces spéciales » du tsar) campent au pied des murailles. Sept ans plus tard, ils sont toujours là. Un moine traître leur ouvre un passage secret. Cinq cent quarante moines brûlés, pendus, enfouis sous la neige ou abandonnés sur la glace. Pas plus de quarante survivants.

Catherine II sécularise le monastère qui, du coup, perd ses immenses domaines en Carélie. Déclin mais fidélité à l'empire. En 1854, pendant la guerre de Crimée, une flottille anglo-française (que fait-elle donc par là ?) veut envahir la Grande Ile. Neuf heures de canonnade inutile. Les murs tiennent bon. Les Alliés déguerpissent. Les moines redressent la tête. Tout va mieux, et même très bien.

Des cachots — quand ce ne sont pas des trous creusés dans le sol — bien garnis d'une belle clientèle d'hommes politiques, de popes, d'« hérétiques » (cinquante-huit ans de cachot pour le « fou de Dieu » Dmitriev), de hauts fonctionnaires, d'intellectuels (un oncle de Pouchkine) ou d'artistes (un castrat prosélyte, au ciseau facile, qui arrivera à fonder une communauté d'eunuques dans sa prison).

Plus une activité économique « d'enfer ». Pas moins de quarante industries : pêcheries, laiteries (un beurre couvert de médailles), élevage de zibelines, pelleteries, briqueteries, fabrique d'agar-agar, première station hydroélectrique de Russie, laboratoires de recherche agronomique, de biologie marine, etc. Les moines de Solovki sont à la pointe du progrès. Des milliers de travailleurs du continent arrivent l'été, et les pèlerins, venus de toute la Russie, par dizaines de milliers.

C'est le deuxième âge d'or. Avant la tempête.

1921. Ordre du pouvoir bolchevique : on ferme !

La Tchéka ne tarde pas à débarquer. Le monastère est en feu. Qui l'a mis : les moines ou les tchékistes ? Mystère. Forcément, ce sont les moines qui trinquent. Ils sont torturés, exécutés sur place ou déportés à bord de bateaux qu'on fait couler en route. Quelques-uns vont rester sur place, à titre de « travailleurs libres obligés »...

Le troisième âge d'or commence. Celui de la Révolution triomphante, de la pègre, de la terreur, de l'humiliation, des ténèbres descendues sur la terre des hommes.

*

Les moines savaient mettre des boulets de fer aux pieds des prisonniers et des chaînes autour de leur cou, ou même un bâton en travers de la bouche, pour les empêcher de prononcer des paroles sacrilèges. Le *Slon* va faire mieux encore. A l'intérieur du Kremlin, où l'on déambule à sa guise (le temps de la visite guidée viendra sûrement), il n'est pas besoin de faire un grand effort d'imagination pour superposer aux vestiges délabrés de l'univers carcéral qui s'offrent au regard le témoignage de l'ancien transfuge tchékiste, nommé Kiselev, rapporté dans *La Russie opprimée* (novembre-décembre 1931) : « Dans la salle prévue pour un maximum de trente hommes, il y en a, au moins, quatre-vingts. Tous gisent sur le ciment, serrés les uns contre les autres. Des paysans, des contre-révolutionnaires, des enfants abandonnés et des vieux popes à demi ou complètement nus, car on enlève toujours les vêtements de ceux qui sont envoyés en prison. »

Ils reçoivent trois cents grammes de pain noir par jour et un plat chaud deux fois par semaine. Dès que le chef apparaît sur le seuil, les détenus doivent se lever, quel que soit leur état. Sinon, on les expédie dans des cabinets pestilentiels, avec l'obligation d'y rester pendant des heures, la tête au-dessus de la fosse. D'ordinaire, le puni perd connaissance.

« Ce jour-là, rapporte Kiselev, on a servi du gruau de millet dans une marmite en bois, très sale. La plupart n'avaient rien pour le prendre. Ils tendaient leurs mains ou leur chemise sale ou encore leur bonnet souillé par la sueur. Quant tout fut distribué, il resta un cercle de gruau renversé par terre. Les hommes se jetèrent dessus comme des bêtes. Le tchékiste Voinov se mit à battre tout le monde avec un fouet qu'il avait toujours à sa ceinture et envoya cinq détenus pétrir la glaise. »

Le souterrain, sombre et humide, réservé à cet « exercice », se trouve sous la muraille sud du Kremlin et ne paraît guère avoir changé depuis ce temps. Au fond, il y a une épaisse couche de glaise, devant servir aux travaux de construction, que les détenus, privés de tout vêtement, devaient pétrir pendant des heures avec leurs pieds. L'hiver, pour ramollir un peu la glaise gelée, on plaçait un petit poêle de fonte. L'été, le prisonnier s'enfonçait dans la glaise humide et pétrissait, pétrissait.

Dans l'une des cours, on m'indique l'emplacement des « sacs en pierre ». C'est le nom que l'on donnait à ces vieux puits où, pour « faute grave », on descendait à l'aide d'une corde le puni, complètement nu. L'espace était si réduit qu'il ne pouvait que rester debout ou accroupi dans un froid glacial, parmi ses excréments. Il recevait deux cents grammes de pain par jour, un gobelet d'eau, et s'il ne rendait pas l'âme entre-temps, on le remontait au bout des dix ou quinze jours que devait durer son supplice. Dans le Kremlin, il y avait 873 cellules, faites de planches mal jointes et d'un sol de terre battue. On les appelait

« criardes » car ceux qui y étaient enfermés, toujours nus été comme hiver, n'arrêtaient pas de crier.

« Si l'on disait au chef de poste, raconte Kiselev, qu'il faudrait au moins installer un poêle, il éclatait de rire : " Un poêle dans la criarde ? Ce serait le paradis pour ces chacals ! Tous voudraient s'y faire envoyer ! 300 grammes de pain, pas de travail et un poêle ! Et quoi d'autre, par-dessus le marché ? "

« En dernier lieu, on s'est mis à creuser des cellules dans la terre. Un trou profond de 3 mètres, quelques fagots et de la paille au fond, et la criarde était prête ; le détenu devait sauter dedans et, pour le faire remonter, on lui tendait une perche, s'il lui restait encore un peu de force. Les tchékistes étaient très satisfaits de cette innovation. " Avec une cellule pareille, disaient-ils, au moins, on ne les entend plus hurler. " »

*

Qui, en dehors des « politiques » et des « contre-révolutionnaires » que j'ai déjà évoqués, sont donc ces détenus, et pourquoi sont-ils là ?

Dix paysans, évadés de Solovki, lors d'un transfert en Carélie, ont témoigné, au cours de l'année 1931 : « J'avais hérité de mon père un peu plus de 7 hectares de terre, raconte l'un d'eux. On m'a tout pris et, après, on m'a demandé l'argent pour l'" emprunt volontaire ". Comme je n'avais plus rien, on m'a envoyé à Solovki. »

Presque tous ceux de ce petit groupe ont été torturés, lors du premier interrogatoire. La technique consistait à serrer les doigts dans une porte ou à enfoncer sous les ongles des pointes chauffées à blanc.

Les paysans sont nombreux à Solovki, depuis la collectivisation massive décrétée par Staline et la déportation, pendant l'hiver 1929, pour dix ans, de ces « koulaks », au motif de « contre-révolution économique ». Aux yeux du régime, les koulaks ne sont pas des « êtres humains ». C'est une « classe » de « bêtes nuisibles ».

La langue soviétique est friande de ces comparaisons zoologiques. D'ailleurs, dès 1919, Lénine avait donné le « la » en s'excitant contre les « araignées », les « sangsues » et autres insectes maléfiques qui précéderont les « hyènes » de Staline et les « poux juifs, porteurs de typhus » des nazis. A court d'injures, c'est toujours sur la pauvre gent animale, autrement respectable, que l'*homo indignus* se reporte.

Au moins deux millions de koulaks ont été arrêtés, emprisonnés ou déportés, a rapporté en 1931 le correspondant du *New York Times*, Walter Duranty, pourtant peu suspect d'antisoviétisme. L'extermination systématique, autrement dit le génocide, de cette part de la population est nécessaire à la réussite du premier plan quinquennal, fruit du seul travail des vrais « socialistes ».

Un autre gibier de choix pour l'archipel des Solovki sont les popes, moines, prêtres et adeptes de sectes qui sont d'ailleurs en majorité des vieillards ou des invalides. En 1930, ils sont plus de dix mille.

A leur arrivée, on les oblige à se compter : « Pendant vingt-cinq ans, leur crie le chef tchékiste, vous avez chanté Alléluia. Maintenant, vous allez compter. » On leur rase la tête et on leur donne systématiquement les plus mauvaises cellules. Quand le typhus se déclare quelque part, on évacue les détenus et on y installe les religieux. Un bon moyen de se débarrasser de ces bouches inutiles dont le rendement au travail est quasiment nul.

On en a mis certains à la cathédrale de la Transfiguration où je viens de pénétrer à l'instant. Les tchékistes ont transformé les autels en latrines, et leur grande distraction est d'uriner contre les icônes. Ou encore de copuler sous les yeux des prêtres avec les prostituées détenues qui sont d'ailleurs nombreuses. Les gardes se les répartissent entre eux, dès leur arrivée, et, de ce fait, elles bénéficient d'un régime de faveur. Mais quand elles cessent de plaire, elles sont traitées comme les autres femmes, c'est-à-dire avec une rare bestialité.

« En 1930, rapporte l'ex-tchékiste Kiselev, il y a 25 000 femmes à Solovki ou dans ses dépendances. La majorité, en dehors des prostituées, proviennent de milieux intellectuels. La plupart travaillent dans les pêcheries ou la conserverie. Les tchékistes repèrent, dès leur arrivée, les plus jolies et les prennent à leur service. Ils se les échangent, quand ils en ont assez ou pour se divertir. Ces pauvres femmes finissent presque toujours par céder. »

Quand, par suite de leur âge ou de leur aspect physique, elles n'ont pas un « amour » avec un garde, qui alors lui donne un peu de mauvais tissu pour se tailler une robe, elles sont obligées de s'en faire une avec un vieux sac, car l'administration ne leur octroie aucun vêtement spécial.

« Pendant les trois ans de mon séjour à Solovki, poursuit Kiselev, pas un tchékiste n'a reconnu un enfant dont il était le père. Les filles-mères étaient envoyées à l'île Anzer, à six kilomètres au large. Elles avaient droit à 300 grammes de pain par jour et leur enfant à un litre de lait par semaine. Beaucoup d'entre elles se débarrassaient de leur bébé en l'abandonnant dans la forêt ou en le jetant dans la fosse d'aisance, ou encore, parfois, en se tuant avec lui. »

Les femmes punies étaient envoyées aux îles du Lièvre ou, pire encore, au Golgotha.

Parmi les autres détenus se trouvent les personnes condamnées pour « divulgation de secrets d'Etat ». Cette expression ronflante vise ceux qui ont refusé de devenir des indicateurs ou qui, ayant accepté, l'ont raconté à leur famille. Selon Kiselev, leur nombre avoisine les cinq mille.

Restent les « droit-commun » (*bytovik*), particulièrement nombreux, auxquels le pouvoir soviétique aussi bien que solovetsien, réserve toute son indulgence. Le code pénal soviétique estime en effet que leurs délits (vol, escroquerie, crime) sont imputables au funeste héritage du tsarisme. On se dit donc prêt à faire d'eux « d'honnêtes travailleurs socialistes », et la meilleure voie n'est-elle pas de les convertir, dès leur arrivée, en gardiens, qui vont, d'ailleurs, donner toute satisfaction en faisant preuve d'une cruauté et d'une efficacité redoutables ? Ils constituent la structure même de l'administration du *Slon*, pour qui la « justice » ne sera jamais mieux rendue que par ceux qui l'ont précédemment violée.

Quant aux autres « droit-commun », s'il s'agit de vrais truands, bien organisés, ils peuvent rendre d'éminents services au sein de leur cellule, pour y faire régner la terreur sur les autres détenus et, à l'occasion, liquider ceux qu'on leur désigne.

*

Peut-on parler de « village » ?

Sous le ciel rouge et or qui s'apprête à accueillir la nuit, Solovetski ressemble plutôt à un Meccano hors d'usage dont les pièces auraient été dispersées au hasard des rues boueuses et des carrefours incertains.

Au milieu du fatras d'isbas qui tiennent encore à leur coquetterie, de bâtisses de parpaings en mal de finition, de jardinets ourlés des barbelés qui clôturaient jadis les baraquements du camp, d'entrepôts éventrés, de hangars, hagards d'avoir perdu leur toit, de cabanes de travers dont les portes déchaussées battent l'air, d'une caserne de pompiers qui crie « au secours », d'un hôpital qui aurait grand besoin d'un séjour en clinique, d'une demi-douzaine de magasins, dont on se demande, en sortant, ce que diable on y vend, de chevaux en liberté qui rêvent de se trouver un maître, de chiens jaunes, de chèvres noires qui font de la récup' dans des champs de boîtes de conserve rouillées, et d'estaminets au plafond bas où l'on ne parle qu'en présence de sa vodka, qui me font repenser aux bistrots d'Antoine Blondin « où il vaut mieux arriver en titubant, pour ne pas se faire remarquer », dans ce foutra polaire, dominé, au loin, par la découpe mi-noire, mi-dorée du monastère, une petite traînée de touristes, en quête d'un « centre-ville », se demande bien où retrouver ses esprits.

A moins qu'ils ne s'évanouissent dans les ténèbres, il y a peu de chances que nous ne les croisions pas chez Anantchenko.

Si vous avez connu Venise en hiver il y a trente ans et que, marchant en plein brouillard, dans les rues désertes, vous avez vu soudain émerger la petite lumière amicale du « Harry's Bar », vous aurez une idée de ce que l'on éprouve en tombant sur Anantchenko, à vingt minutes d'avion du Cercle arctique. C'est assurément plus rudimentaire et, en fait de diplomates aux tempes argentées et de comtesses au regard troublant, la pratique locale est plutôt axée sur la tignasse et l'élocution pâteuse.

Quand mon guide Leonid — le chantre de « la soupe au chou » — et moi-même débarquons, deux Japonais, au fond de la salle, mangent en silence.

Pourquoi des Japonais ? Pourquoi pas des Japonais ?

Il est venu quatre mille touristes en 1998 et plus du double en 2000 ; alors, forcément, les Japonais, on n'y coupera pas. J'ai aperçu tout à l'heure les trois superbes isbas qu'un groupe hôtelier nordique vient de faire construire pour répondre aux besoins les plus pressants.

Le tourisme est l'avenir programmé de tous les anciens bagnes. Le millier de Solovetsiens qui s'accrochent à leur île déglinguée n'y croient qu'à moitié, mais comme la vodka se charge de l'autre moitié, *karacho !* tout va bien.

Plus coulant que Leonid, dont la sobriété, ici, fait tache, je siffle mon flacon de stolitchnaïa comme l'oiseau chante et, de caviar pressé en hareng à l'aneth, de solianka de poisson à la tomate en concombre à la crème et de vatrouchki sucrés au fromage blanc en gros grains de raisin noir, la soirée trotte et le passé fait relâche. Il sera toujours temps, demain, de le reprendre en marche.

34

La déportée se regarde dans un miroir et s'écrie : « Mais... c'est maman ! »

Côte à côte, les bourreaux et leurs victimes. Des bourreaux qui deviennent, souvent, à leur tour des victimes. Solovki est le lieu prédestiné où refroidir les passions.

Plongé dans une demi-obscurité qui le rend encore plus inquiétant, le petit musée, aménagé à l'intérieur du Kremlin, résume, en quelques salles, le destin d'infinie souffrance et d'injustice durable dont est frappée la Russie éternelle. Dans les périodes furieuses, il n'est pas de pays où, d'un camp à l'autre, on ne s'envoie à tour de rôle en prison ou sur l'échafaud, après quoi la vie reprend son cours. En Russie, c'est presque un mode de vie habituel, une paranoïa permanente.

Les moines de ce monastère de Solovki, dont des maquettes, des gravures et des photographies illustrent la prodigieuse ascension et la formidable gloire, n'ont pas arrêté de fourrer, dans leurs cellules et leurs niches creusées dans la muraille, les accusés et leurs accusateurs. A peine l'higoumène Artemi, suspect de « rationalisme », est-il envoyé à Solovki que le religieux qui l'a fait tomber, le protope Sylvestre, ancien protecteur d'Ivan le Terrible, l'y rejoint à son tour.

Au XIXe siècle, le comte Tolstoï, dont la main lourde a expédié bien du monde en mer Blanche, finira lui aussi par être du voyage, et le comte Pouchkine, qui s'est chargé de le punir, goûtera bientôt à la soupe des moines.

Avec le *Slon*, le ballet continue, en pire.

Kojevnikov, héros rouge de la guerre civile, qui n'a pas été particulièrement tendre envers les ennemis du bolchevisme, arrive ici comme déporté. Ensuite, on le nomme chef du camp des Enfants. Bientôt, les tchékistes l'arrêtent, le battent, et il devient fou. Le chef du bagne, Notgev, son adjoint Boki, avec le satrape Eikhmans, auront droit, eux aussi, à admirer l'autre face du paradis goulaguien. Et ainsi de suite...

A pile ou face, il n'y a que des perdants, puisque, bourreaux et victimes, tout le monde est coupable.

Le Kremlin de Solovki conserve leur mémoire à tous, depuis ce jeune tsarevitch Alexis ou cet ataman des Cosaques du Dniepr qui n'avait pas eu l'heur de plaire à la Grande Catherine, ou encore cet enfant de dix ans, condamné dans les années 1830 à quinze ans de « travaux pénibles », jusqu'à, un siècle plus tard, Dimitri Likatchev qui deviendra académicien et grand spécialiste de la littérature russe ancienne, l'ingénieur Alexandre Prokhorov qui a construit le métro de Moscou — ce joyau de la couronne stalinienne —, Nassimov, l'inventeur du canon sans recul, les écrivains Kallistov et Oleg Volkov, ainsi qu'une foule d'artistes, de poètes, de metteurs en scène, de philosophes, d'économistes auxquels on a donné l'occasion, en effet, de « refroidir leurs passions ».

Si, parmi tous ces naufragés de la Révolution, je devais en choisir un seul, pour l'exemple, ce serait une femme, Olga Adamova. Quand, de Solovki où elle était enfermée depuis des années, elle a été transférée vers Kolyma, une compagne de route lui a prêté un objet qu'elle n'avait pas eu l'occasion de tenir entre ses mains depuis son arrivée à l'archipel : un miroir de poche, échappé à la vigilance des gardiens. Olga a approché son visage et, bouleversée, s'est écriée : « Mais... c'est maman ! »

*

Dans la cour du Kremlin, un grand panneau colorié montre les îles qui composent l'archipel.

Au centre, la Grande Ile, trouée de quelque cinq cents lacs, que Mariusz Wilk compare à « un crâne humain qui tourne ses orbites vides vers l'est » et dont le tracé compliqué est « sinueux comme un ornement byzantin ».

Une cavité creuse le haut de ce crâne. C'est la baie des Pins où les harengs les plus gras grouillent dans les filets des pêcheurs. C'est près de ses rives qu'en 1429, les moines Savvati et Guerman, les « inventeurs » de Solovki qui seront canonisés, avaient édifié l'ermitage de Savvatievo où, aujourd'hui, on expédie, paraît-il, les moines trop turbulents.

En descendant vers le sud, côté ouest, se produit à la base du crâne comme un étranglement. Le Kremlin et le village y trouvent refuge, tout au fond de la baie de la Prospérité où mouillent à présent les petits transporteurs de fret et, plus au large, les bateaux de croisière en provenance d'Arkhangelsk, de Mourmansk ou des pays nordiques. C'est là qu'ont débarqué, de 1923 à 1939, quand le camp a fermé pour devenir un centre naval d'entraînement, les milliers de « zeks », en colonne par quatre, encadrés de soldats et de tchékistes, arme au poing, et dont certains se faisaient peut-être encore des illusions sur le « paradis » des Solovki.

Le sud de l'île, qui se termine par le cap Petchak, est vide de toute présence humaine permanente. C'est le domaine de la forêt boréale et des marais, que longe une route en pointillé, ce qui, ici, est une promesse inquiétante.

Sur la façade est, la Baie longue, cadenassée par un

isthme, long et étroit, a, pendant les années du *Slon*, offert, avec ses îlots couverts d'élevages de rats musqués, de zibelines et de renards, nombre de leurs plus belles pièces aux fourreurs de New York, Londres ou Paris. Les élégantes de l'époque ignoraient, évidemment, que les détenus affectés à cette tâche se battaient pour chiper un peu de la nourriture, riche et généreusement distribuée à ces petites bêtes, fort rentables.

Le « réseau routier » de l'île a la forme d'une étoile à trois branches dont le centre est le monastère-forteresse et son village. Une branche vers le nord-est, une autre vers le nord-ouest, la partie de l'île la plus intéressante où nous serons demain, et une troisième qui, à l'est, atteint la côte d'où elle relie, par une digue de pierre élevée par les moines au XIXe siècle, la Grande Ile à l'île Mouksalma, flanquée de la Petite Mouksalma.

Une Normandie miniature, cette Mouksalma atypique, couverte d'une herbe épaisse et succulente où les moines engraissèrent leurs troupeaux de vaches, au lait bien crémeux. Les prisonniers prirent le relais des moines et furent, sans doute, de tous, les moins malheureux.

A un détail près. Mouksalma « la bienheureuse » avait en effet été choisie pour regrouper les femmes ukrainiennes condamnées pour « cannibalisme ».

Des cas s'étaient incontestablement produits lors de la Grande Famine de 1932-1933, provoquée par la collectivisation forcée — et même forcenée — des terres, soldée par plus de six millions de morts. De malheureux affamés — femmes et hommes — avaient tué des jeunes gens pour les manger, et parfois même leurs propres enfants. Qu'elles l'aient fait réellement ou non, ces Ukrainiennes avaient, en tout cas, pris le chemin du bagne. Aujourd'hui, Mouksalma n'est plus habitée que par les orties, les herbes folles et la ferraille rouillée. Mariusz aime bien s'y rendre, à la saison de la *morochka*, une petite baie couleur d'ambre qui pousse sur les pentes du mont Thabor.

Au-dessus de Mouksalma s'étire sur dix-huit kilomètres l'île de tous les cauchemars : Anzer. De violents courants et de terribles tempêtes, levées à l'improviste, rendent les convoyages hypothétiques. Je devrai donc me contenter du récit, accompagné de photos, que me fera de son séjour forcé la fille d'un de mes amis, arrivée là-bas avec un groupe d'étudiants, sous un ciel particulièrement clément.

Après quoi, la mer s'est déchaînée et ils sont restés une semaine, se nourrissant des quelques vivres emportés pour un séjour de vingt-quatre heures, accompagnés de cèpes et de rosés qui, à la saison, couvrent l'île à perte de vue, pour le plus grand bonheur des rennes sauvages.

Anzer a été la première des Solovki aperçue en 1566 par des marins anglais, seuls étrangers jusque-là à s'être aventurés sur ces flots peu recommandables.

Depuis la côte, impossible de rater la grandiose ruine blanche de l'église de la Trinité et de son monastère. Edifiés par les moines au début du XVIe siècle, les bâtiments ont été saccagés et vidés par les tchékistes de tout ce qui pouvait rappeler une présence religieuse. Au sommet de la colline la plus haute de l'île, deux cents mètres au-dessus du niveau de la mer, un moine nommé Jésus a vu apparaître la Vierge qui s'est adressée à lui en ces termes : « Cette colline sera pour les hommes un lieu de souffrance, un second Golgotha. Ici sera édifiée l'église de la Résurrection. »

Devant cette petite chapelle à lanterneau dont le toit est crevé mais qui se dresse pleine de charme au milieu de la forêt, on a du mal à croire que deux cents prisonniers ont pu y vivre — et le plus souvent mourir —, entassés sur trois niveaux de bat-flanc. Une autre, plus grande, également en bois et fort jolie malgré son état de délabrement, se perche sur le Golgotha où elle accueillait, au XVIIIe siècle, de jeunes moines particulièrement fervents, pour ne pas dire exaltés.

L'église de la Trinité était plus « opérationnelle » que la Résurrection puisqu'elle pouvait contenir plus de mille prisonniers, sous la surveillance, jour et nuit, de tchékistes armés.

Kiselev, l'ancien garde échappé de Solovki, y avait séjourné :

« Le long des murs, on a installé des châlits qui sont couverts de vermine. Il n'y a rien pour s'asseoir. Un seul poêle de petite taille doit chauffer cet immense local. Le froid est glacial. »

Anzer était l'île des Femmes. L'île dont elles ne revenaient jamais.

« J'ai visité un jour cette ancienne église, poursuit-il. J'ai vu les femmes serrées les unes contre les autres, avec, sous elles, des branches de sapin. A mon arrivée, elles ne se levèrent pas, bien que ce soit la règle, sous peine de trente jours de cellule. Elles en étaient incapables car toutes étaient malades et sans forces. Elles ne craignaient plus rien. Au moment de ma visite, elles étaient 300. Toutes vêtues de sacs de pommes de terre, avec des trous pour la tête et les bras et des laptis * sur leurs pieds nus.

On envoyait à Anzer les femmes qui refusaient ou étaient trop faibles pour travailler, les mères d'enfants nés au camp et les prostituées atteintes de maladies vénériennes, ne pouvant donc plus « servir ».

Elles n'avaient pas le droit de parler entre elles, et l'essentiel de leur nourriture quotidienne consistait en trois cents grammes d'un pain immangeable, distribué tous les six jours. Elles mouraient du scorbut ou d'épuisement, suivies ou précédées par leurs bébés.

Les rares visiteurs qui se risquent aujourd'hui à Anzer, attirés par la saison des champignons, et s'y attardent quelque peu, tombent fréquemment sur un morceau de crâne, un tibia ou un bout de mâchoire qui, inlassable-

* Sandales en écorce de tilleul.

ment, remontent à la surface. L'un des « meilleurs coins », paraît-il, se trouve autour d'un très vieil arbre qui, en poussant, a pris curieusement la forme d'une croix. Il y aurait là des centaines de squelettes, évidemment anonymes.

Le Grand Lièvre et le Petit Lièvre, à quatre kilomètres à l'ouest de la Grande Ile, sont un désert de cailloux et d'herbe rare où de pauvres arbres rabougris sont torturés par le vent. Les moines qui, de toute évidence, n'avaient pas froid aux yeux, trouvaient quand même le moyen d'y nourrir leurs chèvres. Impressionné par leur courage, Pierre le Grand, lors d'une visite dans l'archipel, leur a offert une église en bois, qui agonise doucement au-dessus de la mer, sur une plate-forme pelée.

Un lieu tout à fait indiqué pour y enterrer ses morts. C'est d'ailleurs ce que durent penser les chamans de la grande civilisation néolithique de la mer Blanche — IIe et Ier millénaire avant notre ère — qui ont laissé ici, comme aussi sur la Grande Ile, d'étranges constructions. Ce sont de grands cercles de pierres, des labyrinthes magiques où les personnes ensevelies étaient ainsi dirigées sur le chemin du ciel et empêchées, par la même occasion, de revenir sur terre y déranger les vivants.

C'est dire si la mort plane sur l'île du Lièvre dont on continue de ne pas connaître très exactement l'utilité, à l'époque du goulag. On dit que les tchékistes en auraient fait un « isolateur », particulièrement sévère, pour « femmes de mauvaise vie » et membres de sectes religieuses « présentant un danger pour la société soviétique ».

Quoi qu'il en soit, le Lièvre garde pour lui ses secrets.

J'en apprends davantage sur Popov, l'île — excentrée par rapport à l'archipel — la plus proche des rivages de la Carélie soviétique. Les convois de déportés, partis de Kem pour Solovki, y faisaient généralement halte car c'était là que se trouvait le centre de répartition. On faisait le tri des prisonniers, avant de les envoyer dans telle ou telle île.

Le tchékiste Kiselev a participé à ce travail :

« Il y a là, raconte-t-il, des paysans en blouse sale et déchirée avec des laptis en loques aux pieds et de maigres besaces sur l'épaule, d'anciens bourgeois habillés de costumes élimés et sales, des prêtres, des popes, des mullahs, des rabbins couverts de la vermine des prisons, des enfants abandonnés devenus des adolescents pâles, à peine vêtus, d'anciens officiers, des fonctionnaires, des atamans de villages cosaques, des étudiants, des ingénieurs, des techniciens “ saboteurs ”, des “ espions ” polonais, etc. Tous ont des yeux désespérés. Beaucoup tremblent, et tous ont faim. Ce tableau serre le cœur. »

Il poursuit son récit avec nombre de détails qui sonnent vrai, comme celui-ci :

« “ Qu'est-ce que tu as à te retourner comme une vieille femme au marché ? hurlent des tchékistes à un intellectuel qui ne va pas à droite comme on lui en a donné l'ordre.

— Citoyen-chef, j'ai beaucoup de choses dans les mains...

— Quoi, tu te crois au marché avec tes valises et tes casseroles ? Tu n'es pas à la prison de Boutyrka ni à Taganka. C'est le camp de Solovki ! Camp de destination spéciale ! A mon commandement ! En route, gardez le silence, ne regardez pas de côté, ne vous poussez pas, marchez en rangs ! Soldats, chargez vos fusils ! ”

« Les soldats qui sont le plus souvent ivres chargent leur magasin. Les plus faibles des prisonniers restent en arrière et tombent par terre. »

A la prison d'étape où arrive le convoi, une douzaine de chefs d'escouade, le chef de baraquement et son adjoint se présentent. Ce sont tous d'anciens condamnés de droit commun.

Le détenu qui trébuche de fatigue en entrant dans le baraquement reçoit un grand coup de crosse dans le dos.

« A l'intérieur, si l'un d'eux tousse, poursuit Kiselev, le chef hurle : “ Tu te crois à l'hôpital ? Tu n'as pas assez toussé chez toi ? ”... “ Eh là-bas, les tignasses, dit le chef aux popes, qu'est-ce que vous avez à vous cacher au dernier rang ? ”

« Les popes, qui sont des vieillards, se précipitent au premier rang. Il les fait hurler, pour répondre au salut militaire comme si toutes les cloches de Solovki se faisaient entendre jusqu'à Leningrad ! »

Kiselev parle d'une exécution terrible qui a eu lieu à l'île Popov.

Un baraquement, dont les occupants avaient refusé d'aller au travail, a été aussitôt encerclé par les sentinelles et incendié. « Quand, rapporte-t-il, le feu a gagné tout le bâtiment, les malheureux ont sauté par les fenêtres. Mais les gardes les attendaient en bas et ils ont été accueillis par une grêle de balles. Les 400 hommes du baraquement y sont tous passés. »

Je ne cesse de penser à Papouchka... Rien, aucune trace. Juste une ombre qui passe et repasse devant mes yeux.

35

Sous chaque pierre, une vie volée

D'or et d'écarlate, affolante de coloris et de parfums, la forêt de Solovki glisse sous les pas comme un rêve d'enfant. Elle est un long châle somptueusement brodé, incrusté d'éclats de verre d'un bleu ici turquoise, là indigo, ou bien encore saphir, qui sont autant de miroirs d'eau sur lesquels, ce matin, un incroyable ciel de grand été fait passer deux, trois petits nuages ourlés, comme on en voit sur les toiles peintes au théâtre.

Nous sommes trois, Leonid, Sergueï — un étudiant ukrainien qui « fait le guide » — et moi, à fureter dans cette forêt enchantée qui a fait provision de couleurs avant l'hiver. La blancheur marbrée des bouleaux des marais, le vert cru des sapins, des pins et des mélèzes ; l'écarlate ou le rouge ponceau des érables à écailles, des cornouillers sanguins et des trembles grisards, le feu d'artifice de camaïeux des buissons de myrtilles, des airelles, des canneberges et des sorbiers des oiseleurs, tout n'est que frémissement. Ici, on s'enfonce avec volupté dans la mousse, un peu plus loin dans le léger clapotis d'une tourbière, piquetée de droseras, mangeurs d'insectes, puis on se retrouve à quatre pattes au milieu d'une planche en couleurs à l'usage du ramasseur débutant de champignons, à en perdre la tête. On jurerait qu'ils sont tous là, les plus exquis comme les plus funestes, depuis les morilles, les bolets, les girolles, les lactaires ou les mousserons, jusqu'à ces merveilles sataniques qu'il ne faut manger qu'avec ses yeux.

Que l'on marche en direction du nord ou du sud, de l'est ou de l'ouest, il est impossible de ne pas déboucher quelques instants plus tard sur les rives d'un lac. Il en est de toutes tailles, de toutes formes, mais leur eau est si cristalline et la couronne de feu posée par la forêt sur leurs rives d'une beauté si irréelle qu'on ne sait lequel préférer. Aucune trace humaine ne les a déflorés, à l'exception de deux ou trois, comme le lac Rouge ou l'Isakovo.

Nous voici donc au pied de baraques de fortune servant d'ateliers et, un peu plus loin, de quatre planches chapeautées de papier goudronné où la vodka démarre de bon matin, à jauger la batterie de canots qui attend le chaland, en se croisant les rames. Nous en dénichons un qui devrait ne pas nous jouer le tour de couler au milieu du lac. Autour de nous, il n'y a pas foule. Un chien blanc se gratte le ventre, deux grands gars se repassent une bouteille et, à côté d'un chat roux attentif, un vieillard barbu trempe son fil sous le nez apparemment désabusé de perches, de brochets, de gardons et de succulents ombles. Dans ces quelque cinq cents lacs, il y a plus de poissons qu'il y aura jamais de pêcheurs, et comme la nature environnante se charge de les gaver d'abondance, ils ne sont là pour personne.

Sergueï, à la manœuvre, souque dur en direction d'une île à la végétation épaisse, grande comme un mouchoir, où bientôt nous abordons. Un chant rauque s'élève au loin : « Coq de bruyère », commente Sergueï, dont la meilleure distraction est la marche en forêt, pour y observer la vie sauvage. De la bécasse au vanneau et à l'oie sauvage, du lièvre au rat musqué et au daim, il n'a que l'embarras du choix.

L'îlot en question est une poupée russe. Au milieu de l'îlot, il y a un lac de poche, et, au milieu de ce lac, un îlot encore plus petit. Et, peut-être que sur ce dernier îlot, un autre lac, et sur ce lac...

Mais gare aux miracles ! Mariusz Wilk nous a mis en garde. Les illusions d'optique, fréquentes dans ces parages, font parfois paraître les reflets du monde penché au-dessus de cette myriade de lacs « plus réels que la réalité ».

Il rapporte qu'une poétesse de Solovki, prénommée Ioulka, en a même perdu la tête. Affolée par la multiplicité des images, elle s'est pendue dans la forêt pour « retrouver son unité », comme l'expliquait le poème qu'elle avait accroché sur le tronc du bouleau. Plutôt que de vérifier l'existence d'autres îles sur ces lacs et d'autres lacs sur ces îles, nous nous engageons dans un chenal qui nous conduit jusqu'à un autre lac, d'où un autre chenal nous emportera vers un autre lac, lequel...

Avec ses berges tapissées de roches rondes, soutenues verticalement par de gros rondins et horizontalement par des fûts de grande taille, ce canal, pas bien large mais dans un état proche de la perfection, me fait irrésistiblement penser à la « Rivière enchantée » du Jardin d'Acclimatation de mon enfance.

Il n'existe sans doute pas au monde de plus ancien réseau que cette Venise polaire aux 76 lacs. Sans les moines bâtisseurs, l'eau douce de cette île, dépourvue de sources, n'aurait pu circuler, et l'île aurait peu à peu sombré dans un vaste marécage. Ces diables de saints hommes avaient la fibre marine. Au XIXe siècle, l'higoumène du monastère de Solovki commandait une véritable flotte qui avait, d'ailleurs, son pavillon : pas moins de 250 navires à vapeur, embarcations à voiles et chaloupes, qui naviguaient sur la mer Blanche et sur d'autres océans.

*

De retour à l'embarcadère, nous remontons à bord de notre Toyota. La route est pleine de bosses mais l'enchantement de la forêt fait oublier les cahots, jusqu'à ce que nous arrivions au creux d'une vallée où le paysage se fait un peu « suisse » et, en tout cas, « civilisé ». En effet, au bout d'une double et haute rangée de pins d'Amérique, surgit la silhouette romantique d'une grande villa de bois, aux fenêtres blanches, surmontée d'un toit conique rouge, percée d'une véranda avec son balcon où il ne manque qu'une jeune fille aux tresses blondes, agitant joyeusement la main, pour achever le chromo. Un jardin de légumes, de plantes aromatiques et de fleurs entoure la maison d'un charmant désordre.

Gorki s'était déclaré tellement ravi par le charme exquis de ce lieu qu'on l'appelle encore aujourd'hui « l'ermitage Gorki ». Depuis le XIXe siècle, les archimandrites qui s'étaient succédé à la direction du monastère en avaient fait leur résidence champêtre. Le microclimat y est si favorable (la température est de 3 °C supérieure à celle de la côte) que les moines-jardiniers l'avaient transformé en un véritable « jardin d'Eden » où ils s'ingéniaient à faire pousser les plantes et les essences les plus étrangères à la zone arctique.

Faut-il s'étonner d'y trouver encore, après tant d'années, pareille floraison d'asters, de crocus, d'acacias, de cassis, de lilas, de roses sauvages, de berberis d'un splendide rouge-orangé et, plus étonnant encore, de daturas du Pérou dont les grandes trompettes blanches et rouge sang, aux propriétés mortelles, dégagent un parfum envoûtant ?

Même les feuilles d'un arbuste, rapporté de Mandchourie par les soldats du tsar après la guerre contre le Japon, et qui servent à préparer un thé d'une douceur exquise, sont toujours à portée de la main de qui veut les cueillir.

D'ailleurs, le gardien de l'ermitage en offre aux visiteurs, quand il n'est pas ivre et que, pris de rage, il met ceux-ci à la porte. D'après Mariusz Wilk, ce lascar est le fils d'un ancien agent du KGB de Mourmansk qui est venu s'installer à Solovki pour vérifier si toutes les atrocités rapportées par son père étaient vraies.

Au bout de quelque temps, il s'est pris d'amour pour Dieu et la vodka. Sans doute sommes-nous tombés sur un jour béni : l'homme nous accueille en silence, le visage fermé, mais, au lieu de nous mettre à la porte, il nous offre un pot de miel.

Depuis l'aube, où nous sommes arrivés dans la forêt, je flotte sur un nuage, suspendu à un ciel d'azur. Etourdi de bonheur par les beautés d'une nature singulière, j'en suis venu à oublier la raison de ma présence. Je n'arrive pas à superposer l'image du bagnard Savely Mazur à ce décor de « jardin extraordinaire ».

Quelques mots de Sergueï, notre guide, suffisent à rompre le charme :

« C'est ici, dit-il, qu'après avoir succédé à Notgev en 1925, Eikhmans, ancien employé de magasin à Moscou, conduisait les détenues qu'il trouvait à son goût. Ce n'était pas un tortionnaire, comme son second, Barinov, et il aimait plutôt se la couler douce avec les filles, l'alcool et la cocaïne, sans se préoccuper des horreurs qui s'accomplissaient autour de lui. »

Nous voilà retombés sur terre.

Une terre qu'il suffit, nous dit-on, de gratter ici et là pour que remontent à la surface l'Histoire et ses croûtes de sang. La forêt qui vient de nous enivrer de ses parfums de mousse, de résine, de feuille humide, d'iode, de térébenthine et mille autres encore n'est qu'un atelier des supplices, un immense cimetière. Sous chaque pierre, une vie volée.

« Le matériau humain doit être traité industriellement », avait proclamé un compagnon de Gorki, Matvei

Pograbinski, que d'ailleurs Staline, peu reconnaissant, liquidera lors de la Grande Purge de 1937.

L'excellent conseil n'avait pas manqué de tomber dans les oreilles du *Slon*. Très vite, la forêt devient la grosse affaire de Solovki et de ses dépendances. L'été, elle occupe les détenus douze heures par jour. Durant l'hiver 1923-1924, a rapporté dans *La Russie opprimée* du 10 septembre 1927, le socialiste Sviejevski, qui avait réussi à s'enfuir en Finlande : « Nous avons dû travailler quatorze, seize et même dix-huit heures, dans la neige jusqu'à la ceinture, non seulement mains et oreilles découvertes mais souvent sans manteau de fourrure ni bottes de feutre. Affamés, les oreilles, les doigts, les pieds gelés, les malheureux tombaient et ils étaient ranimés à coups de pique, soit par les bolcheviques, soit par des camarades entrés à leur service, à la suite de dénonciations.

« Le commandant nous dit que “ si l'on ne faisait pas suffisamment de mouvements, il serait facile d'attraper le scorbut ”. »

Le social-démocrate Mourvanidze, échappé en 1928 et arrivé par la Turquie à Paris en 1929 où il a travaillé à Billancourt chez Renault, précise :

« Les hommes coupaient du bois, les femmes étaient employées au chargement et déchargement des bateaux. Les travailleurs étaient divisés en quatre catégories : celui qui coupait une sagène cubique (9,75 m^3) par jour recevait trois livres de mauvais pain ; 6,5 m^3, deux livres ; 3,25 m^3, une livre et demie, et celui qui en coupait moins en recevait une livre seulement. Avec cela, une soupe avec un peu de poisson desséché et, le dimanche, du bouillon avec 60 grammes de viande de cheval. »

A partir de 1929, la grande majorité des centaines de milliers de déportés sous l'autorité du *Slon* est dispersée à travers l'immensité de la forêt de Carélie soviétique, depuis Mourmansk jusqu'à la frontière finlandaise, à l'ouest, et Petrozavodsk, au sud.

« En décembre 1928, dans une seule journée, plus de 200 détenus furent gelés, raconte Svetchnikoff, un ancien officier de l'Armée rouge réfugié en Finlande. Les ouvriers qui avaient réclamé des vêtements plus chauds pour aller travailler n'avaient rien obtenu. Le soir, le thermomètre marquait 23° sous zéro, et les hommes dansaient pour se réchauffer. Le travail terminé, plusieurs s'écroulèrent, et deux heures plus tard, les baraques retentissaient des cris des hommes gelés. »

Dans le même numéro de *La Russie opprimée*, il est question d'un article du *New York Herald*, rapportant la découverte faite par la douane new-yorkaise sur une cargaison de bois soviétique, transportée par un bateau danois. Sur la surface d'un tronc se trouvaient de mystérieux « hiéroglyphes ». C'étaient en fait des caractères cyrilliques, et il s'agissait d'un message tracé au couteau par un prisonnier de Solovki : « Craignez l'URSS ! Fuyez-la comme la peste. Mon unique espoir est que le message des hommes martyrisés et mourants vous sera transmis par ce tronc d'arbre. » Le capitaine du bateau confirma que le chargement avait été opéré à Arkhangelsk « uniquement par des prisonniers sous la garde de soldats rouges ». Il ajouta que deux détenus qui avaient subtilisé un peu de pain à bord avaient été aussitôt fusillés par les tchékistes, sous les yeux de l'équipage.

A la suite de cette affaire le gouvernement américain décida d'interdire l'importation de bois d'URSS.

Un autre évadé, arrivé à Helsinki en septembre 1930, l'ancien lieutenant Anouchavan Zatykian, dépose sous serment : « Les détenus qui n'ont pas exécuté leurs tâches en forêt, dit-il, sont privés de nourriture. On les y laisse jusqu'à ce qu'ils aient terminé, ou bien on les déshabille et ils restent dans le froid jusqu'à ce qu'ils tombent. »

Son camarade d'évasion, l'étudiant Malychev, de Petrograd, après avoir purgé sa peine de trois ans de détention à Solovki, a été interné en Carélie : « Pour scier et égaliser

45 couches, raconte-t-il, on ne dispose que de haches et de scies à main. Les détenus travaillent en laptis. Beaucoup se coupent les doigts ou un poignet pour être envoyés à l'hôpital. Le typhus décime chaque année 35 à 40 % des prisonniers. Le 1er juillet 1930, il y avait environ 300 000 bagnards. Parmi eux, des jeunes filles mineures et aussi des hommes de plus de soixante-dix ans. »

Kiselev, l'ancien tchékiste évadé, avait servi en Carélie, après son séjour à Solovki : « Dans un baraquement où l'on entasse 400 à 500 détenus, raconte-t-il, il y a en tout et pour tout deux petits poêles de fonte et trois ou quatre lucarnes. La vermine grouille, la puanteur est indescriptible. Les hommes se couchent sans se déshabiller sur des branches de sapin, mais le détenu qui, la nuit, a obtenu la permission de sortir pour faire ses besoins, doit y aller en chemise, par un froid insoutenable. C'est pour l'empêcher de s'évader.

« Sous la direction de chefs de groupe qui sont en général d'anciens criminels, il faut faire 5 ou 6 kilomètres pour aller au travail. Plongé dans la neige jusqu'à la ceinture, le prisonnier doit d'abord dégager la neige autour de l'arbre. Chaque groupe de trois doit abattre, scier et mettre en tas trente-cinq troncs. Le nombre des malades ne doit pas dépasser 2 % de l'effectif total. Au-delà, on les considère comme des simulateurs. Le détenu qui se mutile est envoyé au poste pour y être pansé et renvoyé aussitôt dans la forêt. Même avec une seule main, il doit continuer à scier. Jusqu'à ce qu'un camarade, à sa demande, lui tranche l'autre poignet. Beaucoup se pendent à une branche ou se couchent sous un pin au moment où il tombe. »

Si l'on dressait une anthologie des punitions infligées aux Solovki, on ne pourrait oublier celles-ci : le détenu à bout de forces qui ne peut continuer son travail est placé debout sur une souche et il doit crier, au moins cinq cents fois : « Je suis un traître ! Je suis un parasite du pouvoir soviétique ! »

L'hiver, le puni doit rester le visage collé à l'arbre. Rapidement son nez gèle au contact du tronc. L'été, il y a la punition des moustiques, dont semblent raffoler les tchékistes. Ou bien encore, on enfile dans les manches du détenu un long bâton qui lui passe derrière le cou. Crucifié, il lui faut marcher dans la forêt entre les arbres, pendant des heures.

« Le soir, poursuit Kiselev, les gardes ordonnent aux prisonniers de chanter en chœur. » Alors s'élève dans la nuit glaciale ces paroles de gratitude envers un pouvoir qui les gâte tant :

Nous sommes les détenus d'un pays libre
Où il n'y a pas de torture, ni de question
On ne nous punit pas. On nous redresse.

*

La forêt, dans un enchevêtrement de bois mort, de souches retournées, de bouleaux frémissants, de pins élancés, de hautes herbes et de fougères écarlates, se fait de plus en plus dense à mesure que nous remontons vers le nord-ouest. La route, à peine carrossable, n'a pas dû beaucoup changer depuis le temps où l'on y faisait marcher, par rangées de quatre ou six, plusieurs centaines de prisonniers qui, pendant six ou huit heures, devaient piétiner la neige de leurs pauvres laptis, où les pieds se glaçaient afin de la tasser pour permettre le transport, à dos d'homme, de bûches ou de troncs. D'autres étaient affectés à l'extraction de la tourbe qui se déroulait dans les pires conditions, pendant des journées entières, enfoncés dans la vase jusqu'à la ceinture. Régulièrement, d'autres convois parcouraient, par tous les temps, la quinzaine de kilomètres séparant leur prison du Kremlin de leur nouveau lieu de détention sur la colline de la Hache.

Au loin se détache la silhouette blanche de l'église de l'Ascension et son clocher écarlate, en forme d'oignon. Il est surmonté d'un fanal dont j'apprendrai que, importé de France, il était manié par un moine chargé du guidage des navires. Nous mettons pied à terre devant une longue isba à deux étages et loggia vitrée, dont le bois est comme tanné par les intempéries. Ses abords servent de terrain de jeu aux chèvres et aux cabris. Une porte s'ouvre, laissant apparaître un cou et une mine renfrognée qui est celle du gardien. Il vit là avec son épouse et son troupeau.

Il se raconte, dit Sergueï, « des choses » sur le passé de ce bonhomme peu gracieux. Mais, au fait, y a-t-il des gens parfaitement clairs sur cette île du bout du monde ?

Près de l'église, un couple d'Allemands contemple avec un ravissement qu'il ne cherche pas à dissimuler l'immense panorama qui mange l'horizon de sa forêt flamboyante, de son chapelet de lacs nacrés et, au-delà de la colline aux Loups, du lointain diffus où s'aplatit une mer immobile.

Ces braves gens savent-ils ? Comment pourraient-ils ne pas savoir ?

Hache se dit en russe *sekirka*. Quand on prononce ce mot-là — Sekirka, la colline de la Hache —, il n'est pas d'habitants de Solovki qui ne tressaillent. Dieu sait pourtant si le passé, encombrant comme une vieille mélasse, est aujourd'hui enfoui au plus profond de leur tête.

A Moscou, alors que Grand-Père Savely encore vivant croupissait dans un cachot de Boutyrka, on disait aux enfants, quand ils venaient de faire une bêtise : « Continue comme ça et tu finiras aux Solovki. » Au même moment, à Solovki, quand un tchékiste rabrouait un détenu récalcitrant, il menaçait de l'envoyer à Sekirka : « Là-bas, on t'apprendra à manger le pain prolétarien ! » Si le malheureux, à cette promesse, ne tremblait pas de tous ses membres, c'était parce qu'il n'en avait même plus la force. Une fois arrivés au sommet de la colline, les prisonniers devaient se déshabiller, pour ne conserver que leur chemise, le plus souvent en lambeaux. Enfermés entre les murs glacés de l'église — l'isba étant attribuée aux gardes —, ils étaient contraints de rester assis sur des bancs, les mains sur les genoux, avec interdiction formelle de parler de se gratter, de faire le moindre geste.

Les tchékistes envoyés à Sekirka étaient sélectionnés parmi la crème de l'ignominie. Les coups de crosse et les injures pleuvaient donc sur les détenus auxquels on jetait trois cents grammes d'infect pain par jour, comme à des chiens galeux. Trois fois par semaine, il y avait distribution d'eau chaude, dans laquelle ils faisaient cuire leur ration de blé noir. Si, au bout de deux semaines, le « puni » avait enduré ce régime en silence, on le récompensait en l'envoyant travailler douze heures par jour dans la forêt, charge à lui d'abattre plus d'arbres que les détenus normaux.

Sa ration était augmentée, et sur le chantier — mais là seulement — il avait le droit de se vêtir d'un sac avec des trous pour la tête et les bras. Le soir, il devait le retirer, peu importait la température. A la moindre incartade — une parole, un geste considéré comme une manifestation de rébellion —, on le faisait payer pour son « crime ». Sekirka était un lieu d'exécution.

On y liquidait les évadés capturés par les gardes, les détenus qui s'étaient fait prendre à graver des messages sur des pièces de bois et, d'une manière systématique, tous ceux que, pour une raison ou pour une autre, la direction du camp avait décidé de faire disparaître. Le tchékiste Kiselev a établi, d'après des documents officiels, que 6 736 détenus furent exécutés à Sekirka entre 1926 et 1929. Concernant les années suivantes, il ne s'est plus trouvé de transfuge pour les révéler, mais il n'y a aucune raison pour imaginer le moindre fléchissement dans cette sorte d'activité. Selon la tradition orale, aucun détenu n'a pu tenir plus de deux mois à Sekirka, d'où un renouvellement permanent du troupeau qui n'a d'ailleurs jamais posé de problème. Les convois sont toujours allés bon train sur la jolie petite route.

Jamais à court d'idées, les geôliers avaient mis au point des méthodes autrement plus raffinées qu'une simple balle dans la tête, pour arriver au même résultat. Avec, en supplément, l'offrande d'une longue souffrance.

L'exposition aux moustiques — un vieux classique du *Slon* — avait, certes, beaucoup servi ailleurs, mais à Sekirka, on y soumettait encore plus volontiers les détenues, le spectacle d'une femme attachée nue à un poteau, dans l'incapacité de se protéger des morsures d'escadrons d'insectes, ayant sans doute des effets particulièrement euphorisants sur la libido de certains tchékistes.

Une autre spécialité plus originale était la punition dite « de la perche ». Sur de longues perches posées en travers d'une grande cage de bois, le condamné devait se tenir en équilibre, les jambes repliées, et rester ainsi une journée entière. S'il tombait, c'était aussitôt un déluge de coups qui s'abattait sur lui, et, bien entendu, on s'employait à le faire remonter de force. Beaucoup s'effondraient, pour ne plus se relever.

De l'esplanade recouverte d'herbe où l'on n'en finit pas de se gorger des beautés de l'île, comme vues d'un nid de rapace, dévale, à pic, un long escalier de bois.

Pieusement conservé et, par endroits, consolidé, il fait filer sur un tapis de feuilles jaunies ou rouge sang ses 294 marches jusqu'au pied de la colline.

Cet escalier mériterait qu'on lui attribuât, à lui aussi, le nom de Golgotha. Construit par les moines à l'usage des pèlerins, heureux d'offrir à Dieu, pour le salut de leur âme, une ascension particulièrement pénible, il a donné l'occasion aux gardiens de perfectionner leur technique de mort. La punition consistait à charger les bras du prisonnier d'une lourde pièce de bois, d'un bloc de roche ou de deux seaux remplis d'eau et à le faire descendre et remonter, au bon plaisir du gardien. Si celui-ci ne voulait infliger qu'une « bonne leçon », il se contentait d'un aller-retour. Quand, en revanche, il avait décidé de se débarrasser d'un prisonnier, soit parce qu'il était malade, à bout de forces ou trop vieux, ou tout cela à la fois, soit parce que c'était une « forte tête », le supplice durait jusqu'à l'écroulement définitif du sujet. D'autres fois, pour aller plus vite, on jetait carrément l'homme du haut des marches, les bras entravés. Arrivé en bas, il ne risquait pas de jamais remonter.

Pour atteindre le pied de la colline, j'amorce le geste de m'engager dans cet escalier. Aussitôt, quelque chose me retient. L'impression de commettre un sacrilège. Je pense à toi, Savely Mazur, cher Papouchka. Je n'ai trouvé aucune preuve de ta présence sur cette île où l'on marche sur des morts dont on ne connaîtra jamais les noms. Je ne sais toujours pas si tu es l'un d'eux et de quelle souffrance on t'a fait payer le seul réconfort qui existait encore pour toi : celui de ne plus exister. Est-ce sur cet escalier que s'est brisée ta pauvre Longue Marche ? Je n'en saurai sans doute jamais rien mais, par respect envers tous ces malheureux, je ne referai pas leur chemin de croix.

Un sentier pentu nous dépose bientôt en bas. Là, à l'ombre des pins et des bouleaux, se dresse une haute croix de bois, plantée sur un socle fruste de gros cailloux, de telle sorte qu'elle ne soit pas en contact avec le sol, souillé par la noirceur des hommes. Le patriarche Alexis est venu de Moscou pour l'inaugurer, le 22 août 1982. Chaque année, à la même date, une cérémonie de bénédiction s'y déroule.

Tout près, un petit étang à l'épaisse couverture végétale apporte une note romantique. On pourrait y faire disparaître un camion sans laisser de trace. « Quand les corps arrivaient au bas des marches, m'apprend Sergueï, les tchékistes, postés là depuis un moment, n'avaient plus qu'à les balancer dans l'eau. Avec leur charge, les cadavres coulaient à la seconde. » Après une légère hésitation, il ajoute : « D'après ce que certains ont dit, il y en avait de temps en temps qui, au pied de l'escalier, bougeaient encore. Ce n'était pas une raison pour ne pas les envoyer rejoindre les autres. »

36

La vie continue...

12 septembre 2001.

Sous le regard interdit de centaines de milllions de paires d'yeux, la grosse pomme vient, à son tour, de se fendre en deux, après le mur de Berlin, les portes de la Cité interdite et les murailles du Kremlin, hier, à 8 h 46, heure de Manhattan.

Ma cousine Adèle n'habite pas loin des Tours. Enfin, sa voix, au bout du fil. Elle est sauve mais par la fenêtre elle voit la nuit en plein jour. Rien de plus qu'un léger frémissement pour dire :

« Christian, Christian... la vie continue... la vie continue. »

Natasha, la fille d'Ira, était le 10 septembre, vers 17 heures, dans la partie supérieure de la tour Nord, là où le 767 d'American Airlines s'encastrera, le lendemain matin. Elle apportait à son client les derniers plans d'aménagement de ses bureaux qu'il lui avait commandés.

« Christian, Christian... la vie continue... la vie continue. »

37

Mourir deux fois, c'est assez banal

A l'ombre d'une tour néogothique, au bout d'une allée couverte de papier gras et de canettes de Pepsi-Cola, une volée de marches conduit à une porte déglinguée, percée dans un mur de brique. A l'intérieur, c'est la cour des miracles. On entre comme dans un moulin à la prison de Boutyrka, à Moscou, où, à mon retour de Solovki, j'ai fait un saut.

Des vieux, affalés sur un banc, somnolent, quelques pochards boivent au goulot, des mémés toutes ridées ont enfoncé leur détresse une fois pour toutes dans un bonnet tricoté dans des couleurs à faire vomir, des femmes plus jeunes, aux bras chargés de sacs en plastique, se bousculent pour se chiper la place, quelques enfants aussi et, envahissant les deux pièces en enfilade, l'odeur tenace de la misère incrustée dans les murs. Au fond, un guichet où se succèdent les visages d'un mari, d'un fils, d'un frère, et le paquet passe de main en main, sous l'œil mort du gardien qui attend sa cigarette.

Rien de bien nouveau depuis le passage de Savely Mazur, si ce n'est que les caves ne sont plus fréquentées que par les rats. En tout cas, Boutyrka continue d'être une affaire qui marche. Les cellules débordent, et, pour faire de l'air, on laisse les prisonniers se balader dans les couloirs. Il n'empêche qu'avec sa haute et sinistre cheminée, ses cours qui ressemblent à des poubelles pleines renversées, et ses façades lépreuses, elle fait tellement pitié qu'on aurait envie de la faire sortir de prison.

Ce n'est pas ici, de toute façon, que je trouverai des traces de Savely Mazur. Le jeune garde auprès de qui je m'informe, par l'intermédiaire de Leonid, fait un geste vague qui signifie tout à la fois : « C'est loin, tout ça... », « Vous perdez votre temps... », et, appuyé d'un pâle sourire : « Allez donc vous faire foutre. »

Peut-être aurai-je plus de chance avec Mémorial. Arsène Roginski, le président de la prestigieuse fondation créée par Andreï Sakharov en 1988, dans le but de préserver la mémoire du goulag et de défendre les idéaux de la démocratie, a très aimablement organisé à mon intention une rencontre avec, outre les membres de son bureau directeur, les deux derniers rescapés de Solovki, encore en vie, à près de quatre-vingt-dix ans, et trois dames à cheveux blancs, dont les pères avaient été internés.

Mémorial, sur le million de détenus passés par Solovki, a récupéré un certain nombre de fiches, mais tant et tant d'autres ont disparu dans la tourmente ou ont été détruites que de n'en trouver aucune au nom de mon grand-père n'a rien d'étonnant. De cet entretien, je retiens que des milliers de Russes ont été envoyés au goulag de la mer Blanche sans autre forme de procès ; que le fait d'avoir sa famille à l'étranger était une raison suffisante pour terminer au bagne ou à la fosse commune, et enfin, que les actes de décès indiquant des causes et des dates différentes, ainsi qu'un prénom qui n'était pas le sien, étaient dans la tradition de la Guépéou et du NKVD.

L'une des dames présentes a reçu des autorités soviétiques un premier document l'informant de la mort de son père à Solovki le 4 février 1934, puis un second lui apprenant qu'il avait été fusillé le 16 novembre 1937. En fait, elle a pu établir, grâce à divers témoignages de détenus, que l'exécution avait eu lieu le 8 décembre de cette année-là.

Après avoir regardé la note concernant Savely Mazur que j'ai préparée à son intention, Arsène Roginski me donne ce conseil : « Puisque vous êtes certain que votre grand-père est venu à Paris en 1929 pour votre baptême, il y a nécessairement une trace de son entrée en France et de sa sortie. Interrogez donc votre ministère des Affaires étrangères. Il n'y avait pas tellement de visiteurs soviétiques à cette époque, en dehors des officiels. D'ailleurs, je me demande comment il a pu faire, ici, pour obtenir un visa. »

De retour en France, la réponse me parvient, en provenance du Centre des archives diplomatiques de Nantes. Je la lis et la relis, sans arriver à y croire :

« Une recherche a été menée dans le fonds de l'ambassade de France à Moscou, série A, entre-deux-guerres, carton n° 8, “ registre des Soviétiques ayant demandé un visa d'entrée en France, liste alphabétique 1925-1931 ”.

« Egalement dans le fonds des Unions internationales, 2e versement, cartons 2088 et 2089, visas soviétiques, lettre “ M ”, 1921 à 1953.

« J'ai le regret de vous informer que le nom de Mazur (ou Masour) n'a pu être retrouvé, ni sur les listes, ni sous forme de dossier nominatif. »

Je suis atterré.

Mon grand-père est venu à Paris en 1929. Mes parents me l'ont toujours dit, et je ne vois aucune raison plausible pour qu'ils m'aient menti. J'ai encore dans l'oreille les paroles de mon père : « J'ai insisté pour qu'il reste en France avec nous mais il m'a répondu que c'était impossible car s'il ne rentrait pas à Moscou, il y avait là-bas un otage qui paierait à sa place. Et on savait, à l'époque, ce que cela voulait dire. »

Savely Mazur est donc entré en France et reparti, sous une identité qui n'était pas la sienne. Il est invraisemblable qu'il ait pu se procurer là-bas, clandestinement, de faux papiers, et même y serait-il parvenu, il ne serait pas retourné en Union soviétique. Cela signifie que les autorités avaient une bonne raison de lui donner un passeport à un nom qui n'était pas le sien, tout en sachant parfaitement que, quelques années auparavant, il avait été condamné à deux ans de travaux forcés sans privation de liberté. Une peine relativement légère, pour l'époque, mais qui, avec l'arrivée de Staline au pouvoir, faisait de lui un suspect permanent.

La police politique, donc, le « tenait », comme elle tenait tous ceux qu'elle forçait à collaborer avec elle. Cela ne dit pas pour quel motif un homme de son âge, un paisible ancien membre de la Première Guilde des marchands de Moscou, aurait pu être infiltré en France.

Certes, c'était l'époque où les règlements de compte et même de mystérieux enlèvement n'étaient pas rares. Ainsi, dans le 7e arrondissement, le 26 janvier 1930, celui du général Koutiepov, président de l'Union des anciens combattants russes, dont le successeur, le général Eugène Miller, sera d'ailleurs, plus tard, lui aussi kidnappé, à la sortie du métro Jasmin.

Ces coups de main étaient l'œuvre de professionnels de la police secrète soviétique qui n'aurait jamais confié à des amateurs des travaux aussi délicats. En revanche, il devait y avoir bien d'autres missions dont on pouvait charger, contraint et forcé, un citoyen soviétique dont la famille était implantée en France et qui avait des contacts avec les milieux de l'émigration. Qu'à son retour il ait été aussitôt arrêté, mis en prison, déporté aux Solovki ou liquidé à Boutyrka s'inscrivait dans l'ordre naturel des choses. Ce ne sont, bien sûr, que des supputations, effroyables, insensées, et je ne veux pas y croire, mais saurai-je jamais la vérité ? Le mur du NKVD est plus solide que celui de Berlin. Je vais, néanmoins, faire une dernière tentative.

38

Au plus profond des archives secrètes

Mon vieil ami S., ancien du MI 6 britannique, qui a encore ses contacts sur la terre entière, m'a recommandé auprès d'une journaliste de Moscou dont le mari est un général à la retraite. Celle-ci m'a promis de faire jouer leurs relations pour explorer au plus profond des archives d'Etat, là où les dossiers les plus secrets sont encore empilés sur les rayonnages « spéciaux », les mystérieux *spetskran*.

Ce matin, à 11 heures, le téléphone sonne. La voix est si claire qu'on la croirait dans la pièce d'à côté :

« J'ai tout essayé, dit-elle. La Procurature générale et certains autres services dont je préfère ne pas vous parler. Je suis désolée mais nous n'avons rien trouvé. Non, cela ne veut pas dire qu'il n'y ait jamais eu de dossier. Vous savez, on en a tellement vidé, maquillé ou supprimé que cela n'a rien d'étonnant. Il y avait peut-être quelque chose dans le sien qui a dérangé du monde à un certain moment... J'aurais d'ailleurs beaucoup de choses à vous raconter sur ce sujet quand nous nous rencontrerons. Mais là, je ne peux rien faire de plus. Je suis vraiment désolée, désolée... »

39

Le bruit joyeux du vernis qui craque

Un livre est un rêve. Et, comme dans les rêves les morts sont toujours vivants, c'est en compagnie d'un grand-père vivant que je viens de passer ces dernières années. Avec toi, l'enfant juif des provinces russes lointaines. Toi, le jeune fou de « A nous deux, Moscou ! » Toi, l'apostat qui fuit sa tribu et fonde son avenir en liquidant le passé. Toi, le marchand des temps modernes à qui le succès sourit. Toi, le jeune marié sous la couronne du pope. Toi, le père adoré et sans tache. Toi, le mari détaché. Toi, l'optimiste qui croit au progrès et ne voit pas, à l'horizon, les premières lueurs de l'incendie. Toi, le bourgeois déchu, le copeau arraché au vieux monde qui s'effrite. Toi, le prisonnier de Boutyrka... Jusqu'à cet instant flou où tu as disparu dans la grande nuit secrète, j'ai senti ma main dans la tienne, et ce n'est pas avec un disparu que j'ai remonté le temps, mais avec un grand-père retrouvé.

Quand je me suis mis à courir après toi, c'était, bien sûr, avec l'espoir d'apprendre la vérité, comme dans une enquête policière. Je ne te cache pas que j'en ai éprouvé une sorte d'excitation dont, tout bien réfléchi, il n'y a pas lieu d'être trop fier. En tout cas, je sais à présent que je suis arrivé au bout de ma traque. Je n'en attends plus rien. Cela va peut-être te surprendre : cette part d'ombre, qui ne sera jamais dissipée, m'est devenue indifférente. Pas par crainte de voir surgir quelque mauvais secret qui jetterait sur toi une eau sale. J'en ai d'ailleurs évoqué la possibilité, car l'Histoire t'a poussé dans une fosse où le pire n'était jamais impossible. Là n'est pas la question. Je viens d'avoir la chance extraordinaire de faire un long bout de chemin avec toi, et c'est cela, l'important.

Tu m'as ouvert les yeux sur une formidable imposture qui m'a laissé longtemps, comme tant d'autres, aveugle. L'imposture des racines ou, si tu préfères, l'illusion. Tu sais bien, ces fameuses racines qui sont devenues l'idée fixe d'une société aux jambes molles qui débouche son flacon de passé comme on avale la fumée d'opium pour oublier le présent.

Parlons-en de ces racines miraculeuses qu'on met à macérer avec des herbes secrètes pour en tirer un jus de santé, propre à requinquer n'importe quel bout d'humanité, faible de la poitrine. D'autres préfèrent confectionner avec elles des nids douillets où ranger, en bon ordre, les certitudes de leurs origines, de leur race, de leur tribu, de leur religion, et accrocher, au-dessus, la médaille pieuse de la sacro-sainte « identité ». Les « racines » sont la dernière trouvaille d'un genre particulier de placiers en assurances dont le succès n'a jamais été aussi flamboyant, depuis que l'on a commencé à s'inquiéter de ce que l'on pourrait bien être venu faire sur cette terre. S'il y a un homme devant qui il faut vanter la solidité des racines et la pureté de l'identité, c'est bien toi, n'est-ce pas, Savely Mazur ?

Il n'est pas, en effet, de meilleur expert en la matière qu'un Russe de Lettonie, émigré de Pologne qui, en définitive, n'est ni russe, ni letton, ni polonais ; un Juif dont les ancêtres étaient peut-être turcs, sans la moindre goutte de sang juif ; un ashkénaze de la Vallée du Rhin qui était peut-être un séfarade d'Andalousie ou, au contraire, un descendant de cavalier asiate des steppes mongoles.

A partir de lunes où chacun édifie son petit cocon de Terrien, dûment étiqueté et biologiquement immatriculé, combien de terres empoisonnées et de citadelles d'intolérance ne finit-on pas de fabriquer ?

Comprends-moi bien. Je ne veux dissuader personne de vouloir déterrer ses racines. C'est, au contraire, à mes yeux, un exercice d'hygiène mentale de première nécessité. Dès que l'on se met à gratter, il y a en effet neuf chances sur dix, tandis que s'ouvrent les tiroirs aux secrets, pour que le décor en prenne un sacré coup. Un grand malheur ? Au contraire, c'est un grand bonheur de voir sortir du placard aux vanités le jardinier qui a engrossé la mère du futur prétendant au trône, le marchand de bois qui a acheté son marquisat, le joueur indélicat que le père magistrat a expédié aux colonies, le mécréant couvé dans un nid de bigots, le déserteur à l'ombre d'une lignée de saint-cyriens, l'ancêtre juif du bouffeur de youpins, la fille de racistes qui a rapporté un petit Noir à la maison, le milliardaire qui adore raconter son premier milliard à ses petits-enfants mais ne dit pas un mot de son premier million, et tous ces vilains canards qui font merveilleusement désordre parmi les oies du bon Dieu.

Il n'est rien de meilleur que ces mauvaises rencontres pour rabaisser notre caquet et nous faire poser sur notre prochain un regard un peu différent. Le jour où chacun trouvera devant sa porte son paquet de racines, on entendra le bruit joyeux du vernis qui craque, et peut-être commencerons-nous enfin à nous admettre les uns les autres, dans notre misère partagée.

Aussi ne te remercierai-je jamais assez, cher Grand-Père. Grâce à toi, du devoir de mémoire, je puis, enfin apaisé, faire un devoir d'oubli.

Grâce à toi, je peux me regarder dans le miroir et dire : « J'ai en face de moi un homme, un, parmi des milliards d'autres, qui ne saura jamais pour de vrai d'où il vient, ni qui l'a fait. Un homme libre, en somme. Libre d'aimer passionnément le morceau de terre où tous ces hasards l'ont fait naître. »

CARTE DES ÎLES SOLOVKI

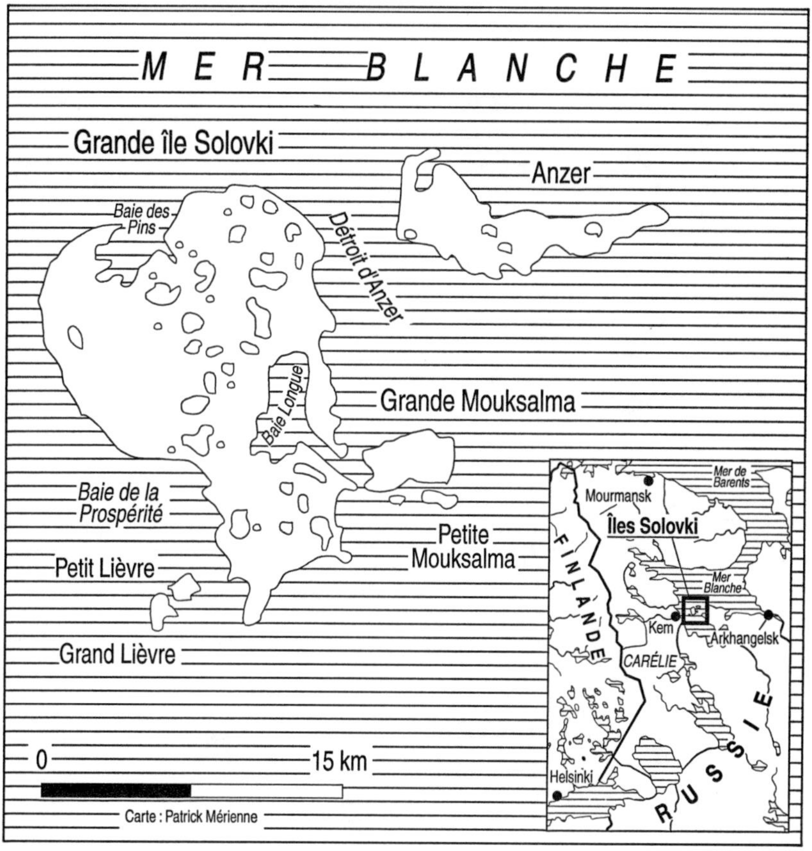

CARTE DE LA LETTONIE

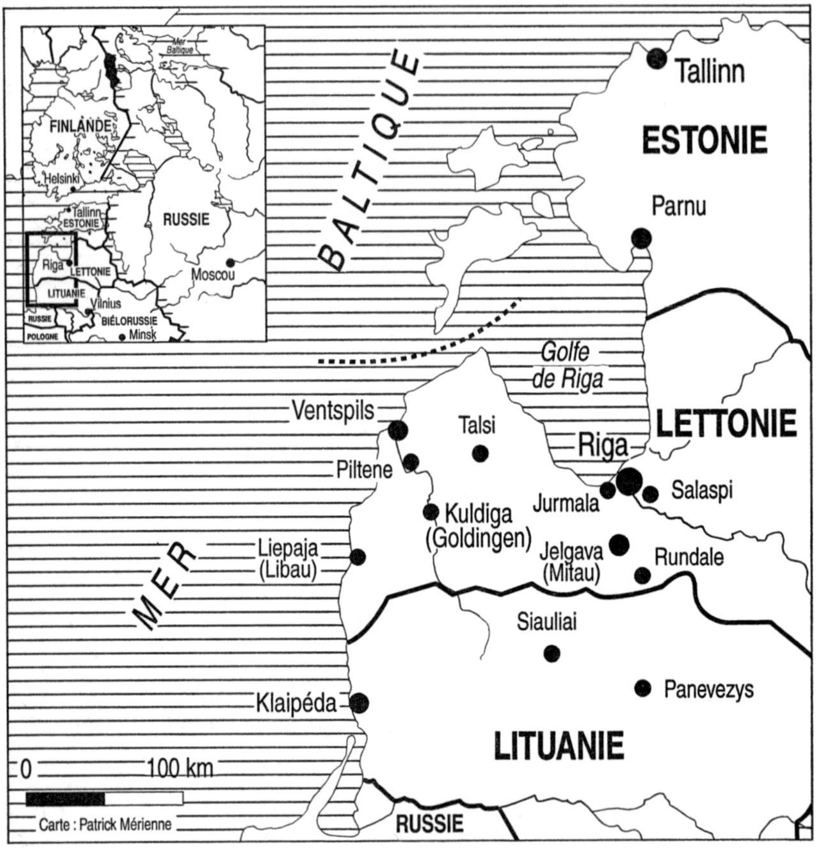

LES LACS MAZURES

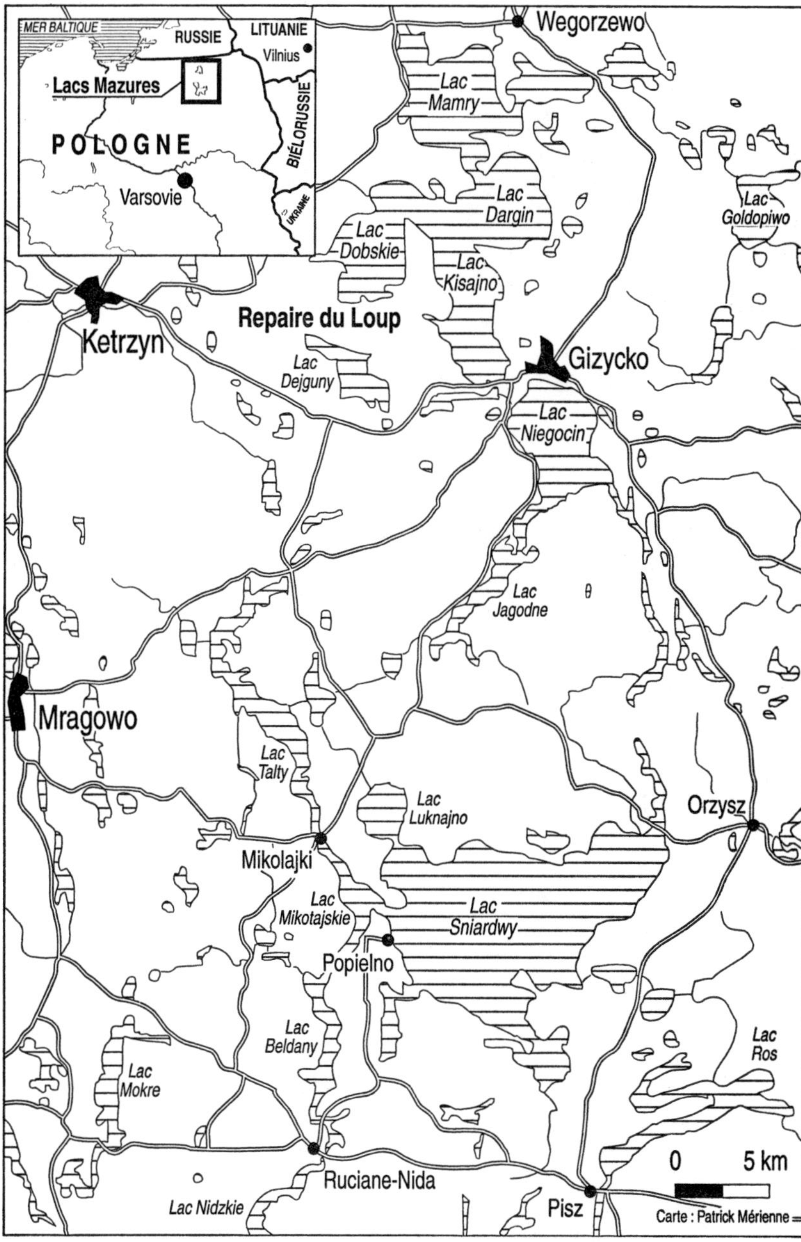

Table

1. Une ceinture de sécurité ? Non l'eau est trop froide ... 11
2. Le frigo de la place Rouge ... 15
3. Le « Papouchka » de Maman ... 20
4. Son Moscou d'avant le déluge ... 24
5. Descendant de chevalier Teutonique ou de ramasseur de patates polonais ? ... 30
6. 4 000 morts ? On ne décommande pas un bal pour si peu de chose ... 41
7. La rue des Franzouskis ... 46
8. C'est curieux. Les pauvres vont toujours bien ... 52
9. Juif royaliste, antisémite et nazi ... 60
10. Le voile se déchire ... 65
11. Grand-Père est mort deux fois ... 69
12. Où est donc passé son dossier ? ... 73
13. La vérité était pourtant au bout de mon nez ... 75
14. Un orthodoxe pas très catholique ... 78
15. Quatre-vingt-cinq ans en acier trempé ... 84
16. Le tsar se méfiait de ces Juifs de Courlande ... 86
17. Donnez vos clés à Staline, plutôt que vos têtes à Hitler ! ... 92
18. Je ne leur ferai pas cadeau de ma haine ... 104
19. Le Lagenführer était un Juste ... 108
20. D'anciens SS « parfaitement fréquentables » ... 115

21. J'adore ces petits mensonges qui fleurissent les sentiers de la mémoire 121
22. Ces fourgons qui emportaient avec eux les germes du nazisme 131
23. Le commissaire aux Affaires étrangères écrit au pape : « On m'a volé la clé des w-c » 134
24. Un beau voyou, ce colonel des Tcherkesses.......... 145
25. Le marché aux ancêtres 150
26. Le Pays du Loup. La Mazurie des miens 157
27. Ils venaient de très loin, derrière leur peur 161
28. A pied, à cheval, les Khazars me tombaient du ciel 170
29. Un revenant du « pays de la danse et des claquettes » 178
30. La justice rouge va vous guérir 185
31. Elles valsaient, dans les robes des fusillées........... 192
32. Le « mensonge salutaire » de Maxime Gorki 200
33. L'été indien à 150 kilomètres du Cercle arctique.. 205
34. La déportée se regarde dans un miroir et s'écrie : « Mais... c'est maman ! » 218
35. Sous chaque pierre, une vie volée 227
36. La vie continue.. 241
37. Mourir deux fois, c'est assez banal....................... 242
38. Au plus profond des archives secrètes 247
39. Le bruit joyeux du vernis qui craque 248

Carte des îles Solovki 253
Carte de la Lettonie 254
Les lacs Mazures 255

La photocomposition de cet ouvrage
a été réalisée par
GRAPHIC HAINAUT
59163 Condé-sur-l'Escaut
et imprimé par la Société Nouvelle Firmin-Didot
Mesnil-sur-l'Estrée
pour le compte des éditions Plon
76, rue Bonaparte
Paris 6e
en décembre 2003

Imprimé en France
Dépôt légal : décembre 2003
N° d'édition : 13698 - N° d'impression : 66530